HISTÓRIAS DE UMA ADESTRADORA
A TEORIA NA PRÁTICA

Editora Appris Ltda.
1ª Edição - Copyright© 2020 dos autores
Direitos de Edição Reservados à Editora Appris Ltda.

Nenhuma parte desta obra poderá ser utilizada indevidamente, sem estar de acordo com a Lei nº 9.610/98. Se incorreções forem encontradas, serão de exclusiva responsabilidade de seus organizadores. Foi realizado o Depósito Legal na Fundação Biblioteca Nacional, de acordo com as Leis nos 10.994, de 14/12/2004, e 12.192, de 14/01/2010.

Catalogação na Fonte
Elaborado por: Josefina A. S. Guedes
Bibliotecária CRB 9/870

```
S276h    Sbolli, Kelen
2020        Histórias de uma adestradora : a teoria na prática / Kelen Sbolli.
            1. ed. – Curitiba : Appris, 2020.
            185 p. ; 23 cm. – (Artêra).

            Inclui bibliografias
            ISBN 978-65-5523-574-6

            1. Ficção brasileira. 2. Cães - Adestramento.
         I. Título. II. Série.

                                                        CDD – 869.3
```

Editora e Livraria Appris Ltda.
Av. Manoel Ribas, 2265 – Mercês
Curitiba/PR – CEP: 80810-002
Tel. (41) 3156 - 4731
www.editoraappris.com.br

Printed in Brazil
Impresso no Brasil

Kelen Sbolli

HISTÓRIAS DE UMA ADESTRADORA
A TEORIA NA PRÁTICA

FICHA TÉCNICA

EDITORIAL
Augusto V. de A. Coelho
Marli Caetano
Sara C. de Andrade Coelho

COMITÊ EDITORIAL
Andréa Barbosa Gouveia (UFPR)
Jacques de Lima Ferreira (UP)
Marilda Aparecida Behrens (PUCPR)
Ana El Achkar (UNIVERSO/RJ)
Conrado Moreira Mendes (PUC-MG)
Eliete Correia dos Santos (UEPB)
Fabiano Santos (UERJ/IESP)
Francinete Fernandes de Sousa (UEPB)
Francisco Carlos Duarte (PUCPR)
Francisco de Assis (Fiam-Faam, SP, Brasil)
Juliana Reichert Assunção Tonelli (UEL)
Maria Aparecida Barbosa (USP)
Maria Helena Zamora (PUC-Rio)
Maria Margarida de Andrade (Umack)
Roque Ismael da Costa Güllich (UFFS)
Toni Reis (UFPR)
Valdomiro de Oliveira (UFPR)
Valério Brusamolin (IFPR)

ASSESSORIA EDITORIAL
Lucas Casarini

REVISÃO
Andrea Bassoto Gatto

PRODUÇÃO EDITORIAL
Gabriella de Saboya

DIAGRAMAÇÃO
Daniela Baumguertner

CAPA
Marcela Grassi Mendes de Faria

COMUNICAÇÃO
Carlos Eduardo Pereira
Débora Nazário
Kananda Ferreira
Karla Pipolo Olegário

LIVRARIAS E EVENTOS
Estevão Misael

GERÊNCIA DE FINANÇAS
Selma Maria Fernandes do Valle

COORDENADORA COMERCIAL
Silvana Vicente

AGRADECIMENTOS

À minha família, que sempre me incentivou a crescer.

À amiga Ivone de Castro, que me auxiliou em vários momentos.

À jornalista Kátia Oliveira, que me convidou a escrever em seu blog, acreditando no meu trabalho.

A Lilian Juraski da Luz, por me mostrar que tudo é possível.

Aos meus amigos que colaboraram financeiramente.

Agradecimentos especiais aos patrocinadores deste livro:

- Rhassil Raçoes
- SOS Hospital Veterinário
- My Pets Laboratório Veterinário

APRESENTAÇÃO

Este livro não é somente técnico. Ele fala também do coração, do sentimento que liga três pontos: o adestrador, o cão e a família. Nenhum adestramento é consistente se não houver o entrelaçamento desse triângulo.

Depois de dezenas de cursos realizados e estudando constantemente, estou capacitada a entender o problema do cão, a elaborar um plano de trabalho e a executá-lo até a exaustão se preciso for.

No entanto as histórias vividas ao longo dos últimos oito anos mostraram-me que, para o adestramento, o sentimento sem a técnica é falho e a técnica sem o sentimento é falsa.

Entender a dimensão do problema que atinge o que hoje chamamos de família multiespécie é fundamental. Está além do que qualquer técnica pode ensinar.

A sociedade já entende melhor a necessidade de adestramento e cabe ao profissional dar o máximo de si, seja nas técnicas aplicadas, seja no carinho, no afeto e no respeito.

Afinal, adestrar também é um ato de amor.

A autora

PREFÁCIO

Honrada pelo convite de prefaciar este livro, deparo-me com a oportunidade de conhecer um pouco mais da autora e de como surgiu sua paixão pelos animais.

Um trabalho lindo, que vivencia a experiência prática de uma profissão, embasada na teoria do adestramento de cães, mostrando-nos as dificuldades, a satisfação, os desfechos felizes e o grande envolvimento e comprometimento de uma profissional focada em transformar a vida dos animais e de seus familiares.

O livro compreende 18 capítulos, abrangendo os principais temas abordados no adestramento de cães, contando histórias reais confrontadas por uma teoria perfeita, a qual nem sempre funciona na prática.

Escrito em uma linguagem simples e fácil, aqueles que se aventurarem a viajar por esta obra passarão por um turbilhão de sentimentos, do riso ao choro, do aprendizado ao surpreendimento.

Para os amantes dos animais, como eu, fica a vontade de que, futuramente, surjam novas edições, com outras histórias, que nos levem a novos lugares e novas aventuras.

Gisalda Bortolotto

Médica Veterinária

SOS Hospital Veterinário

SUMÁRIO

1

O INÍCIO DE TUDO 15

2

NERO – FUJÃO 21

Por que devo adestrar meu cão? 25

Processos de aprendizagem dos cães 26

Os cães têm memória? 36

3

OS BRUTUS TAMBÉM AMAM 41

Agressividade em cães – O que fazer? 49

4

FRANCIS – O DONO DO PEDAÇO 53

Os cães têm ciúmes? 58

5

DONO PROBLEMÁTICO? EU NÃO! 61

Ansiedade de separação em cães e terapia
compartilhada para ansiedade dos donos 63

6

UM HUMANO TEIMOSO 67

Os cães entendem nossas emoções? 69

7

MENINO JOÃO 73

Compreendendo a linguagem canina 75

8

A FERRARI 79

9
UM CASO DE AMOR..83
Cães de proteção 88

10
UM GRITO PARA A LIBERDADE 93
Vamos falar sobre guarda responsável?.................................97

11
CÃO ESTRESSADO, DONO INFELIZ...................................101
Nossos cães estão estressados?...104

12
UM VELUDO INTOCÁVEL 111
O cão é o nosso espelho – Atualidades no adestramento canino 119

13
VIDA ESPARTANA 123
O mito do cão dominante...130

14
A DOR...135
O luto humano e canino 138

15
PRISÃO DE LUXO..145
Vamos passear?...147

16
UM PEQUENO INTRUSO 153
O abandono de cães 155

17
UMA DAMA CANINA...161
Problemas comportamentais em cães adotados.................164

18

UM CORAÇÃO CHAMADO NADAL...167

Humanizar os cães é um problema?...172

Você fala com seu cachorro?...174

Sim! Os cães são seres sencientes!..176

A periculosidade humana...179

REFERÊNCIAS..183

O INÍCIO DE TUDO

O relógio despertou às 7h e acordei já com um nó no estômago.

— Só mais um pouquinho...

A angústia aumentava. Levantei nem sei como e tomei um café mais demorado que consegui. Entrei no carro e lá permaneci por uns cinco minutos antes de sair.

Faltavam uns 2 Km para chegar ao trabalho e não aguentei. Parei e vomitei todo o café da manhã. Não consegui seguir adiante e voltei para a casa.

— Você tem a Síndrome de Bournout – disse minha médica.– Vamos alterar sua medicação e você precisa dar um tempo. Vou te dar um atestado.

Esse atestado foi o primeiro de muitos...

Minha formação foi em Farmácia Industrial, pela UFPR. No estágio obrigatório caí de paraquedas no setor de Toxicologia de um Instituto de Pesquisa em Curitiba. Na Toxicologia eram realizados testes em animais. Cosméticos, medicamentos, agrotóxicos, entre outras coisas, eram testados em coelhos, ratos, camundongos e cobaias.

Chorei uma semana, pois morria de nojo e medo. Sem alternativa, acabei me acostumando com o tempo. Um mês depois de formada fui contratada.

Quando realizava os testes nos animais procurava fazer da melhor maneira possível para que o protocolo fosse seguido à risca e não prejudicasse os resultados. Porém não ligava muito para os animais. Eles eram apenas objetos de estudo.

O tempo foi passando e eu realizava meu trabalho com muita competência e dedicação, mas faltava alguma coisa. Um vazio imenso tomou conta de mim.

Na tentativa de suprir aquele vazio, meio por impulso, comprei duas gatas siamesas. A partir disso minha vida tomou um rumo que eu jamais imaginaria...

Depois de alguns meses que tinha adotado as gatinhas (Tina e Kika), passei a observar mais os meus "objetos de estudos" – coelhos, ratos etc. – e a perceber quando sentiam dor, desconforto e medo. Então não conseguia mais sacrificá-los ao final dos testes. Sempre pedia para um auxiliar fazê-lo. Isso foi me incomodando e também aos meus superiores. Por fim, não conseguia mais fazer nenhum ensaio. Estava no limite.

Tentei fazer outras coisas, porém, no mesmo setor da empresa. As licenças frequentes desgastaram de maneira irreversível minha relação com a chefia. Eu não os suportava e nem eles a mim.

Minhas gatinhas tinham começado a mudar minha vida.

Após dois anos com as gatas, outro fato primordial na minha vida aconteceu. Adotei meu primeiro cachorro, ou melhor, cadela, a minha Loba. Na verdade, tinha medo de cães devido a um trauma de infância.

Em uma manhã, percebi um cão na frente do condomínio onde morava. Ele não se mexia e eu fiz que não vi. Quando voltei do trabalho, ele continuava no mesmo lugar. As pessoas do condomínio estavam incomodadas com a presença daquele ser de quatro patas... "Vai sobrar pra mim", pensei.

E sobrou.

Coloquei a cadelinha em uma caixa de papelão e percebi que seu estado não era nada bom. Tinha uma fratura exposta, estava magra e doente. Deveria ter uns seis meses. Levei para o Hospital Veterinário da UFPR e lá me fizeram assinar um termo de compromisso para que, quando tivesse alta, eu a retirasse.

—Não vai ter problema. Uma semana é tempo suficiente para encontrar um lugar para quando ela sair –comentei com uma amiga.

E é claro que não foi...

Fui vê-la três dias depois e já parecia outra cadela! Pulou ao me ver. Confesso que não esperava por aquela reação e fiquei meio sem graça, sem saber o que fazer.

Exatamente uma semana depois ela teve alta. As recomendações do veterinário eram muitas. Tinha uma bota de curativo na pata e eu deveria trocar todos os dias. Ela deveria também tomar um monte de remédios e não podia andar muito enquanto estivesse com os curativos. Bem fácil para quem não tinha nenhuma experiência com cães...

Após um mês, ela já estava ótima e eu completamente apaixonada.

A Loba entrou na minha vida por acaso e também por acaso entrou o Toddy.

—Você viu aquele cachorro lá fora, todo enroladinho, do lado do muro?

Minha amiga, que morava comigo, chamou-me a atenção para aquele cão.

—Não. Não vi e nem quero ver.

Dois dias depois, com um frio de trincar os dentes, fui sair de casa pela manhã e, ao abrir a porta, aquele cão estava na área de casa, deitado em um pano.

—Este ser não entrou aqui no condomínio sozinho e carregando um pano – falei alto, para minha amiga ouvir.

Deixei-o na rua e segui meu caminho.

À noite, ao chegar, vi aquele cachorro enrolado sobre si mesmo e já coberto pelo orvalho gelado. Cheguei mais perto e vi que escorria um líquido verde do nariz dele. "Este bicho vai morrer se ficar aqui".

Levei-o para dentro, onde passou a noite e, pela manhã, levei-o ao veterinário das gatas e da Loba.

—Gilson, este bicho tá doente e vai morrer. E não quero levar para o túmulo esse peso na consciência!

—Deixa ele aqui, Kelen – respondeu o veterinário.–Depois te ligo para dar notícias.

Quem nunca teve um vira-lata não tem ideia do quanto eles são fortes. Três dias depois, ele teve alta, mas não sem uma lista de recomendações do veterinário. Anti-inflamatório, antibiótico, vitaminas, antipulgas e, depois, vermífugos e vacinas.

Pronto. Apaixonei-me de novo.

Saldo até esse momento: duas gatas e dois cachorros.

Consegui uma transferência para o Setor de Propriedade Intelectual do mesmo Instituto, que ficava em outro lugar da cidade. Eu iria ficar bem longe do lugar que me entristecia! Isso foi fundamental para minha sanidade mental e por um tempo fiquei bem.

Um dia, meu chefe nos trouxe uma notícia que caiu como uma bomba.

—Pessoal, a diretoria transferiu nosso setor para a sede da empresa. Vamos nos mudar em alguns meses.

O mundo desabou sobre minha cabeça. Eu voltaria para o mesmo local onde havia trabalhado com os animais e ficaria perto dos mesmos desafetos.

Imediatamente, passei a sentir náuseas e, com o passar dos dias, fui entrando em depressão. Só quem teve ou tem depressão sabe o tsunami que é essa doença. Ela nos incapacita para trabalhar, pensar, agir e sentir. Como resultado, um longo período de afastamento.

—Eu não volto pra lá! Não vou aguentar! Eu preciso encontrar algo que eu realmente goste de fazer e onde eu me sinta bem!

—Então pense em suas habilidades para que possa mudar de profissão – respondeu minha médica.

—Habilidades? Que habilidades? Não fiz outra coisa na vida a não ser matar animais! E esse trabalho de agora é muito específico e não tenho a menor vontade de dedicar minha vida a isso!

Muito tempo de terapia depois eu continuava com a sensação de vazio e de que o tempo estava passando.

—Alguma coisa dentro de mim tem pressa. Mas eu não sei para quê!

—Kelen, você está sob muita pressão. Durante essa licença faça alguma coisa, algum curso, só para tirar o foco. Você está medicada. Agora tem que tentar desviar seus pensamentos.

Minha médica nem imaginava, mas, com essas palavras, ela abriu as portas e as janelas para minha nova vida.

O encantador de cães.

Esse foi o primeiro programa sobre adestramento que vi na vida. Achei bem legal e fui procurar ler mais sobre Cesar Milan; depois veio Alexandre Rossi, alguns menos conhecidos e, finalmente, joguei no Google: "Curso de adestramento de cães em Curitiba".

—Eita! E não é que existe mesmo? – falei em voz alta.

—Existe o quê? – perguntou minha mãe.

—Mãe! Vou fazer este curso de adestramento de cães. São três meses de curso. Assim vejo se consigo "consertar" a Loba.

—Vai filha... Vai te fazer bem.

Mãe nunca se engana.

AC e DC

Para minha vida isso tem outro significado. Antes do Curso (AC) e Depois do Curso (DC).

Simplesmente, apaixonei-me pelo assunto. Fiz outro curso, e mais outro...

Comecei a aplicar a teoria nos meus cães, que àquela altura já eram sete. Não satisfeita, fui adestrar cães de amigos.

Fiz mais cursos em São Paulo aos finais de semana e, então, percebi que adestrar cães seria um "bico" perfeito. E assim o fiz.

Os clientes foram aumentando. Eu atendia após o expediente e aos finais de semana. Continuei estudando e fazendo cursos. Já tinha fila de espera.

—Achei.

—O quê? – perguntou minha médica.

—Achei o que quero fazer para o resto da vida.

—Adestrar cães? – perguntou, meio incrédula.– E consegue sobreviver disso?

—Não sei. Mas eu tenho certeza de que se eu continuar no meu emprego vou morrer – respondi, com toda a sinceridade do meu coração.

—Então tá bem. Eu te apoio.

E assim foi.

Quase um ano de planejamento quando, finalmente, a empresa em que eu trabalhava ofereceu um PDV (pedido de demissão voluntária). Imediatamente, abracei-me a ele! Com o dinheiro do PDV montei minha empresa, continuei meus cursos e, posso dizer, com toda certeza, de que essa história teve um final feliz.

Hoje, o que faço é mais do que trabalho. É um exercício de amor. Exerço minha missão. Tenho absoluta certeza disso.

Os cães salvaram a minha vida, deram um sentido para a minha existência.

Chegar a uma família em que há desarmonia entre o cão e as pessoas, e no término do treinamento ver a vida de todos modificada para melhor, não tem preço.

Preparar um cão para proteger uma casa ou uma pessoa utilizando métodos não agressivos e, depois de um tempo, ficar sabendo que o cão salvou a vida do seu tutor (várias vezes), também não tem preço.

Hoje, em uma nova fase do meu trabalho, aplico técnicas auxiliares ao treinamento de cães com graves problemas, como Reiki, massagem, florais e homeopatia (junto com um veterinário), e ainda tem outros profissionais que me auxiliam em relação à família do cão, aplicando técnicas de relaxamento, meditação, constelação familiar e outras técnicas.

Esses profissionais e eu estamos convictos de que podemos ajudar não só o cão, mas toda a família, em uma abordagem sistêmica de atendimento.

É um novo conceito de família multiespécie, em que todos, cada um do seu lugar, serão felizes.

NERO – FUJÃO

—Você confia em mim?

Essa foi a frase que caiu como um bálsamo em uma adestradora novata e desesperada.

Mais um dia comum de treinos começou com o Labrador Nero. Já em fase final, estávamos lapidando o "fica", quando o carro entrou e saiu da garagem.

Fazia alguns dias que não o via e o encontrei um pouco mais agitado do que o normal. Sua tutora estava radiante, pois ela já conseguia sair com o carro sem ele fugir.

Como eu sempre duvido dos clientes, resolvi por à prova, colocando um elemento absolutamente irresistível para o Nero...eu.

Mesmo com sua agitação exacerbada, segui com o treino. Entrei no carro com a tutora, mandei-o ficar, abrimos o portão e antes mesmo de o carro passar totalmente pelo portão, ele já estava do outro lado da rua, fazendo xixi de metro em metro...

"Hoje promete", pensei quase em voz alta.

—Vamos fazer tudo de novo!

Coloquei-o na mesma posição e antes de entrar no carro tive uma intuição e observei que ele estava de coleira, mas sem a placa de identificação.

—Eliane! Onde está a plaquinha dele?

—Ainda não deu tempo de mandar fazer.

—Sei...

Abrimos o portão e, como um raio, Nero saiu em disparada, em direção à esquina. Como ele adora carro, sua tutora foi atrás dele para não perdermos muito tempo de treino.

—Esse rapazinho está sentindo alguma fêmea no cio ou tá estressado...

Longos minutos se passaram até que a tutora chegou, cantando os pneus e branca como uma cera.

—Ele sumiu!

—Como assim, sumiu? Ele acabou de virar a esquina!

—Não consegui encontrá-lo!

—Impossível! Só se ele entrou por um portal e passou para outra dimensão – falei, sem muita paciência.

—Vai para a esquerda e eu vou para a direita com meu carro.

Passaram-se 15 minutos, 30 minutos, 1 hora. Parei o carro e... entrei em pânico.

—Agora lascou!

Milhares de coisas passaram em minha cabeça:

"Ele não sabe voltar".

"Alguém sequestrou".

"Um caminhão atropelou e foi arrastando".

"Ele está sem plaquinha, droga!".

"Vou ter que me mudar para o Marrocos e adestrar camelos...".

E agora, José?

A festa acabou,

a luz apagou,

o povo sumiu,

a noite esfriou,

e agora, José?

.

.

A noite esfriou,

o dia não veio,

o bonde não veio,

o cachorro não veio...

O cachorro!!!!!

—Nero! Seu marginal! Onde você se enfiou?!

Encontramo-nos novamente para elaborar um plano de ação.

—Precisamos espalhar cartazes já! Me dê algumas fotos recentes dele.

—Não tenho... Perdi todos os arquivos. Mas você tirou fotos dele, né?

—(silêncio constrangedor). Eu ainda não tirei nenhuma foto dele... Mas liga para seu marido. Talvez ele tenha.

—Não posso. Se ele souber disso, me mata...

Quando olhei o celular dela, o fundo de tela era uma foto do Nero. Era antiga, mas era o que tínhamos.

Praticamente, voei para casa para imprimir os cartazes.

"Procura-se Labrador.

Fugiu hoje, às 10h, no Bairro Uberaba.

Está com uma coleira azul sem identificação.

Gratifica-se".

Quando escrevi isso, pensei: "Lá se vai o dinheiro do adestramento...".

Postamos no Facebook e distribuímos todos os cartazes.

Já havia se passado quatro horas.

Entrei em pânico –parte 2.

Nesse instante, o Universo se compadeceu de mim.

Liguei para uma pessoa...

—Oi. Não imagina o que aconteceu. Meu cliente sumiu.

—Sequestro relâmpago?

—Não! O cachorro!

—Ah, tá! Calma. Vocês vão encontrá-lo

—Encontrar? Já fizemos de tudo! – disse eu, já surtando e chorando.

—Você confia em mim?

—Claro. Por quê?

—Porque eu vou encontrá-lo para você.

—Como? Você está a mais de 100 km de distância!

—Você disse que confiava em mim. Quero que fique dentro do carro e respire profundamente, várias vezes. Se concentre em mim. Acalme sua mente. Pense em um girassol e repita as palavras: "Imagem Verdadeira Harmonia Perfeição". Continue fazendo isso. Não pare. Eu preciso que você esteja calma para acessar o Nero através de você. Mas preciso que você esteja calma!

Não sei se realmente acreditei ou se desisti de surtar. O fato é que me acalmei.

—Kelen, consegui vê-lo. Ele está brincando. Estou tentando atraí-lo para casa através de você. Preciso que fique concentrada. Ele está a 3 km de distância. Agora está tentando voltar para casa.

Nesse instante, a tutora veio até o carro chorando e minha concentração foi para o espaço. Contei o que estava fazendo, mas não sei se ela acreditou muito. Aliás, nem eu sabia se acreditava.

—Kelen, cada vez que você se angustia eu perco o contato com ele. Preciso que fique calma.

Claro, é bem simples. O cão fugiu durante minha aula, já havia se passado seis horas e eu tinha que ficar calma...

—Ele não está tão longe. Até o final do dia vocês vão encontrá-lo.

Eu tinha mais um cliente para atender e, então, resolvi me concentrar mais um pouco e saí pela última vez para procurá-lo. Percorri outro caminho intuitivamente. Mas nada do Nero.

Às 20h, uma pessoa me ligou dizendo que havia encontrado um Labrador com uma coleira azul.

—É ele! Só pode!

Tinha uma coleira azul. Mas não era ele. Foi frustrante.

Voltei para casa mais arrasada do que nunca, quando a tutora me ligou.

Ah! Facebook! Eu te amo! Você realmente é útil quando quer!

—Kelen! Uma moça postou no Facebook que encontrou um Labrador! Ela também viu nosso anúncio! É o Nero!

—Onde ele estava?

—Estava a mais ou menos 3 km daqui...

Eu tinha passado em frente de onde ele estava em minha última busca. Mas pelo meu nervosismo não consegui enxergá-lo.

Bom, se eu acreditei que fui ajudada psiquicamente para encontrar o Nero? Na verdade...não sei. Mas, como disse Niels Bohr, o famoso cientista ganhador do prêmio Nobel de Física quando questionado se acreditava que a ferradura que mantinha atrás da porta lhe trazia sorte:

—Não. Mas me disseram que a coisa funciona mesmo assim.

Na dúvida, à noite, agradeci ao Universo.

POR QUE DEVO ADESTRAR MEU CÃO?

Limite é abertura.

Nunca uma frase descreveu tão bem o objetivo do adestramento.

O estabelecimento de regras faz com que o cão esteja mais presente na vida da família e sem aqueles conflitos constantes. A educação canina é tão necessária para o cão como a educação formal é para o homem. Ele permite que o cão conviva harmoniosamente com seus donos, outras pessoas e outros animais.

O aprendizado de vários comandos, como senta, deita, fica, junto, aqui, não etc., é a base para que o cão aprenda a não pular, não sair pelo portão, vir quando chamado, andar sem puxar a guia, saber esperar etc.

O adestramento pode ser feito em qualquer idade, independente da raça ou tamanho. Obviamente, quanto mais cedo for iniciado, mais facilmente o cão aprenderá, pois ainda não terá desenvolvido hábitos que consideramos errados, embora o adestramento também trabalhe comportamentos já consolidados, por meio de técnicas específicas. O adestramento também consiste na socialização do cão com outros cães, pessoas, crianças, ambientes e tudo que fizer parte ou não de sua rotina. Isso evitará medo, agressividade e transtornos futuros.

Além disso, acostumar o cão com ruídos e barulhos (carro, moto, ônibus, patins, skate etc.) faz parte de sua ambientação para

Kelen Sbolli

que possa ficar sempre à vontade diante dessas situações[1].Depois de adestrado, o cão saberá se comportar em cada situação e não precisará levar as costumeiras broncas. Portanto o cão será mais feliz, terá menos estresse e isso umentará o vínculo afetivo com a família.

A melhor maneira de treinar um cão é utilizando estímulos positivos, evitando as punições[2]. A valorização do comportamento correto faz com que seu aprendizado se torne mais rápido, divertido e, assim, ele acabará atendendo sempre ao comando por relacioná-lo a algo bom e ao fato de agradar a seu dono.

O treinamento deve ser divertido tanto para o cão como para o dono e deve também ser baseado no respeito pelas suas necessidades e limites, pois cada animal é um ser único, com suas particularidades e necessidades[3].

Obediência e respeito andam lado a lado.

O adestramento do seu cão é tão importante que podemos dizer que é um ato de amor.

PROCESSOS DE APRENDIZAGEM DOS CÃES

Compreender como um animal aprende é fundamental para mudar certos comportamentos não desejados e promover aqueles que são desejados. Dessa forma, podemos contribuir para o bem-estar do animal e o desenvolvimento de uma relação saudável entre o humano e o seu animal. Utilizando os conhecimentos que temos sobre o mecanismo de aprendizagem dos cães, podemos utilizá-los em seu treinamentos para otimizar os comportamentos desejados.

Vou resumir bastante o processo de aprendizagem para que seja o mais didático possível.

Podemos definir aprendizagem como um processo de mudança de comportamento envolvendo estímulos/repostas específicos.

---

[1] BENNETT, P. *et al.* Puppy Power! Using social cognition research tasks to improve socialization pratices for domestic dogs (canis familiaris). *Journal of Veterinary Behavior:* Clinical Applications and Research, 2011.

[2] BRADSHAWS, W.S. *et al.* Dog training methods:their use effetives and interaction with behaviour and welfare. *Animal Welfare*, 2004.

[3] COWANS, S.; ROONEY, N. J. Training methods and ower-dog interactions: links with dog behaviour and learnig ability. *Applied Animal Behaviour Science*, 2011.

A aprendizagem pode ser analisada de diferentes maneiras – comportamental, neural, molecular e genética[4].

A que nos interessa é a comportamental. Nesse nível, podemos dividir em: processos associativos e processos não associativos.[5]No processo não associativo há uma mudança duradoura no comportamento, pela experiência com um estímulo. No processo associativo, a aprendizagem ocorre pela relação entre dois estímulos ou entre respostas e estímulos.

PROCESSO NÃO ASSOCIATIVO

Na aprendizagem não associativa, o cão adquire informação do ambiente de forma passiva sem associação de estímulos. Nesse tipo de aprendizagem são consideradas as características de um só tipo de estímulo. Vamos considerar quatro tipos de aprendizagem não associativa: a Habituação, a Socialização, a Sensibilização e a Dessensibilização.

HABITUAÇÃO

Na habituação há uma redução da resposta comportamental ao longo de um estímulo repetido continuamente. Por exemplo, se você mora em uma rua com grande movimento de carros, seu cão passará a não mais "ouvi-los", pois se acostumou com o barulho. É o que ocorre conosco também. Porém, se você for com seu animal para um hotel fazenda, é possível que você não durma com o barulho dos grilos e o seu cão tente encontrá-los durante a noite toda...

Um exemplo prático é quando temos um filhote que não queremos que tenha medo de ir ao veterinário. Então, em casa, simulamos os mesmos toques que o veterinário fará examinando seu abdômen, olhos, dentes, orelhas, tocando no seu corpo de forma suave e com palavras delicadas. Ele certamente estará habituado quando o veterinário for examiná-lo.

---

[4] DOMJAN, M. *The principles of learning and behavior*.Stanford, C. T.: Cengage Learning, 2015.

[5] KANDEL, E. R. *et al. Principles of neural science*. New York: Mcgraw Hill, 2013.

Outro bom exemplo é acostumar seu filhote com os ruídos domésticos, como secador de cabelo, aspirador de pó, liquidificador e outros eletrodomésticos que fazem muito barulho. Habituá-lo lentamente e com reforço positivo evitará que seu cão tenha medo de outros barulhos maiores no futuro, como rojões ou relâmpagos.

SOCIALIZAÇÃO

A socialização do cão é o processo pelo qual você habituará o seu pet a reagir de forma adequada, ou seja, sem medo nem agressividade, perante diferentes ambientes, pessoas, outros cachorros e outros animais. Isso vai prevenir comportamentos agressivos e medrosos no futuro. Além disso, um cachorro bem socializado é mais fácil de treinar e será aceito com mais facilidade por outras pessoas e animais e em qualquer ambiente. A socialização do cão é um processo que dura a vida toda, no entanto, o período mais crítico ocorre a partir do nascimento até os quatro meses de vida. Nesse período é de fundamental importância apresentar ao seu filhote, de maneira controlada e responsável, outros cães, gatos e outros animais, sempre reforçando com algo positivo a presença deles. Além de apresentar pessoas de ambos os sexos, negros e brancos, de óculos ou sem, chapéus, bonés etc. e, talvez, o principal, as crianças.

As crianças, segundo Piaget, até aproximadamente sete anos, ainda não têm maturidade e consciência operatória para avaliar o perigo e seus desafios ambientais. Isso pode provocar no animal um sentido de medo profundo pelas suas reações inesperadas, provocando uma reação defensiva de agressividade. Daí a importância de apresentar crianças aos filhotes caninos, mas de maneira adequada, orientando as crianças ao que podem ou não fazer.

Da mesma forma, quando apresentar outro cão ao seu filhote, é importante que isso seja feito de maneira positiva, com um cão tranquilo e em um ambiente de brincadeira. Isso o ajudará a perceber que relacionar-se é positivo e divertido.

SENSIBILIZAÇÃO/DESSENSIBILIZAÇÃO

Esse processo de aprendizagem é frequentemente utilizado na resolução de problemas comportamentais relacionados ao medo. Quando o cão adulto, sensibilizado a algum estímulo, já apresenta medo a determinadas situações, é necessário apresentá-lo novamente ao estímulo, gradualmente e em intensidades mais baixas para mais elevadas (exposição/aproximação à experiência traumática), associando a um evento agradável, como comida. A intensidade do estímulo deve ser reduzida o suficiente para que, quando o animal seja exposto ao estímulo, ele não manifeste a resposta comportamental anteriormente desenvolvida por Sensibilização. É um processo complexo que envolve reforço positivo, paciência e muita compreensão. Pode levar semanas, meses ou anos.

PROCESSOS ASSOCIATIVOS

Condicionamento Clássico

Consiste em ensinar relações de contingência ou dependência entre dois estímulos.

O Condicionamento Clássico foi estudado há 100 anos, pelo médico russo Ivan Pavlov, e é a associação entre dois eventos, coisas ou situações.

Em seus estudos, Pavlov queria saber como as funções digestivas dos cães se comportavam ao serem estimulados. Ou seja, ele queria entender como os reflexos condicionados eram adquiridos.

Quando um cachorro, ou mesmo uma pessoa, vê sua comida, tem o reflexo natural de salivar, pois seu sistema digestivo começa a funcionar (estímulo incondicional).

Pavlov, então, colocou outro elemento (elemento neutro). Ele mostrou que o cachorro podia salivar sem que houvesse alguma comida por perto, apenas pela ação de outro estímulo (estímulo condicionado).

Ele fez o seguinte: toda vez que os cachorros eram alimentados, uma campainha era tocada. Depois de fazer isso várias vezes, os cachorros começaram a associar a campainha à comida. Chegavam a salivar só de ouvir o som, mesmo que o prato estivesse vazio.

A comida, por si só, faz os cachorros salivarem naturalmente, portanto, é um estímulo não condicionado, é instintivo, por assim dizer. Por outro lado, uma campainha tocando não faz com que os cães salivem, sendo necessário condicioná-los para que associem o som ao ato de serem alimentados. Assim, a campainha é um estímulo condicionado. A nova reação do cão é um reflexo ao estímulo e é uma resposta condicionada.

Isso não quer dizer que o cachorro vai ficar salivando para sempre ao ouvir uma campainha. Se ele se acostumar de novo a ouvir o som sem ver a comida por perto, não irá salivar mais. Acabará o reflexo ao qual foi condicionado.

Todos nós temos cães condicionados de maneira clássica em alguma coisa. Por exemplo, quando pegamos o peitoral e a guia, o cão normalmente já associa a um passeio e começar a ficar frenético, na maioria das vezes; se cada vez que pegarmos a guia falarmos a palavra "passear", depois de algumas repetições, quando falarmos "passear", o cão entrará em excitação.

CONDICIONAMENTO OPERANTE (OU INSTRUMENTAL)

O conceito de Condicionamento Operante foi criado pelo psicólogo Burrhus Frederic Skinner.

Enquanto Pavlov estudava uma reação refletiva a um estímulo condicionado, Skinner interessou-se em criar uma reação de comportamento específico a um estímulo pela introdução de um reforço.

No condicionamento operante, uma resposta tem repetidamente, como consequência, um estímulo incondicionado.

Vamos ao exemplo que ele utilizou. O experimento realizado é conhecido como "caixa de Skinner", em queera colocado um rato sem água ou alimento. Dentro da caixa, o comportamento natural do rato era explorar aquele ambiente, e à medida que andava aleatoriamente, aproximava-se de uma barrinha perto da parede. Nesse

HISTÓRIAS DE UMA ADESTRADORA

instante, Skinner introduzia uma gota d'água na caixa através de um mecanismo e o rato a bebia.

As próximas gotas eram apresentadas quando o rato se aproximava um pouco mais da barra. A seguir, só quando o rato encostava o nariz na barra e, depois, só as patas, e assim por diante, até que o rato chegou ao ponto de pressionar a barra dezenas de vezes para saciar completamente sua sede.

Skinner passou a chamar essa abordagem de Condicionamento Operante, já que o comportamento do animal operava no ambiente (pressionar a alavanca) como uma resposta ao resultado esperado (obter a água). Ele demonstrou que tanto os animais quanto as pessoas manteriam certos comportamentos se recebessem uma recompensa (reforço), assim como parariam esse comportamento se fossem punidos.

Um exemplo prático é o que acontece no adestramento. Quando ensinamos um cão a sentar-se e lhe damos uma recompensa, estamos reforçando esse comportamento de sentar-se por um estímulo (ganhar a recompensa).

Um reforço tanto pode ser uma recompensa quanto uma punição. Agora, a coisa está ficando mais interessante para o adestramento de cães. Senão, vejamos:

Segundo Baum[6], a relação entre o comportamento e sua consequência pode ser classificada em quatro tipos:

1. Reforço positivo.

2. Reforço negativo.

3. Punição positiva.

4. Punição negativa.

Uma recompensa é qualquer coisa que aumente a frequência de uma ação. Já uma punição é qualquer coisa que diminua a frequência de algo que não queremos que o cão faça. Ok. Reforço e punição estão explicados, mas onde entra o positivo e o negativo nisso?

---

[6] BAUM, W. M. *Compreender o behaviorismo:* ciência, comportamento e cultura. Porto Alegre: Artes Médicas, 2006.

Positivo é quando estamos adicionando alguma coisa e negativo é quando estamos retirando um estímulo. Resumindo, ficaria assim:

1. Quando algo bom começa é Reforço Positivo.

Exemplo: cada vez que damos o comando "Senta" para o cão e ele faz o movimento correto, ganha um petisco.

2. Quando algo bom termina é Punição Negativa.

Exemplo: quando um cão tem o hábito de pular nas pessoas e, ao fazê-lo, interrompemos a brincadeira e a interação com ele.

3. Quando algo ruim começa é Punição Positiva.

Exemplo: quando damos trancos na coleira para que ele não puxe, ou choque, para que ele execute o "deita", por exemplo.

Quando falamos sobre punição, normalmente nos referimos à punição positiva.

Esse tipo de punição é extremamente desagradável para o cão e desnecessária para o processo de aprendizado. O risco de o cachorro desenvolver medo, ansiedade, agressão e viver numa situação de estresse é muito alto. Também é bastante comum o cão associar a punição ao seu dono/tutor e passar a ter medo dele.

4. Quando algo ruim termina é Reforço Negativo.

Exemplo: quando a presença de um cão deixa outro cão desconfortável e este começa a latir. O fato negativo é a presença de um cão estranho e o reforço é quando ele vai embora. Outro exemplo é quando estamos ensinando o cão a se sentar e ele não quer fazer o movimento. Então apoiamos a mão, forçando a traseira do cão para baixo, até que ele se sente. Desse modo estamos adicionando um desconforto. Mas para que o cão se alivie daquele desconforto, ele acaba se sentando, de modo que a retirada da mão da traseira dele seria o reforço negativo.

CLICKER

O clicker é instrumento pequeno de metal que faz um pequeno barulho característico. É um marcador de comportamentos, uma forma de informar o cão que ele fez uma coisa certa, atuando como uma ponte entre a realização da tarefa solicitada ao cão e a obtenção da sua recompensa. O clicker deve ser associado à recompensa. Chama-se a atenção do pet, clica o aparelho e dá-se um petisco; repetindo isso várias vezes, o cão associa o "barulhinho" à recompensa. O clicker é um reforço secundário associado a um reforço primário. As vantagens do clicker são sua maior eficiência em comparação a um elogio falado.

Existem diversos tipos de adestramento de cães. Eu diria que são tão diversos quanto o número de adestradores. Cada treinador tem sua maneira peculiar de treinar. No entanto qualquer técnica utilizada passa pelos métodos não associativos e associativos, condicionamentos clássico e operante.

Mas é importante perceber a técnica básica que adestrador utiliza, se tem mais reforço positivo ou punitivo. A punição nunca é recomendada, pois traumatiza o cão e causa mais problemas do que soluciona.

FASES DE DESENVOLVIMENTO DO CÃO[7]:

1ª SEMANA

O filhote passa 90% do tempo dormindo. O resto, mamando na mãe, que ele reconhece pelo faro. Olhos e ouvidos estão fechados e o sistema nervoso, inacabado. A mãe ajuda o cãozinho a defecar, lambendo seu corpo na região da barriga e ao redor do ânus. O peso médio ao nascer é entre 180 e 800 gramas – depende da raça.

---

[7] Disponível em: www.super.abril.com.br/ciencia/a-vida-do-cachorro/. Acesso em: 20 dez. 2019.

2ª SEMANA

O cãozinho começa a desenvolver seus sentidos: surgem tato, olfato e paladar. Dependendo da raça, ele já pode ter o dobro do peso que tinha ao nascer. Como ainda não é capaz de controlar a temperatura do corpo, passa a maior parte do tempo grudado na mãe e nos irmãos. Ao final desta semana, ele já estará de olhos abertos.

3ª SEMANA

Ele já anda, brinca com seus irmãos e late muito. É alerta e ativo. Reconhece a luz e a escuridão, percebe movimentos e se assusta com sons altos. Nascem os dentes e ele já pode provar ração amolecida em água. Começa o período de socialização, ideal para se acostumar com a presença de outros animais – inclusive humanos.

4ª SEMANA

Agora, todos os seus sentidos estão completos. Ele brinca de luta com seus irmãos, pula, deita e rola pela casa inteira. Sua força física cresce e a coordenação motora melhora. Enxerga e ouve perfeitamente, e também já faz xixi e cocô sozinho. Instintos de caça aparecem. Essa é uma boa hora para brincar de buscar a bolinha.

5ª SEMANA

Cada vez mais independente, ele mama menos e come ração várias vezes por dia. Mas a companhia da mãe ainda é importante: é ela quem vai ensiná-lo a se portar como um cão, apartando brigas entre os filhotes e impondo disciplina. Chega a hora das primeiras vacinas, da visita ao veterinário e do primeiro banho.

6ª SEMANA

Seus músculos crescem, o corpo fica mais esguio e características próprias da raça já estão bem evidentes. As emoções também afloram: ele mostra medo, chora de dor e late quando está empolgado ou quer atenção. Nessa fase, aprende tudo rápido. Alimenta-se sozinho e sabe a diferença entre os lugares de brincar, dormir e fazer necessidades.

7ª SEMANA

Ele já tem quase todas as habilidades de um adulto. Pode até ser capaz de atender quando chamado pelo nome. Para desenvolver ainda mais sua coordenação, é hora de encarar desafios, como pular de um lugar para outro e atravessar um túnel. E de conhecer atividades que farão parte de sua vida, como passear de carro e até nadar.

8ª SEMANA

Ele está maior e mais forte, mas, curiosamente, mais medroso também. Assusta-se com a própria sombra. Tudo passageiro: é só uma fase, que acompanha a descoberta de que existem amigos e inimigos no mundo. O seu sistema imunológico também sofre mudanças e nesta fase o cão fica mais vulnerável a infecções.

9ª SEMANA

Apesar de um pouco mais redondo e desengonçado, ele já se parece bastante com um adulto, e começa a se comportar mais como um. Mas ainda tem muito que crescer e aprender. Esta é, aliás, uma boa fase para isso: ele agora tem uma ótima memória. É capaz de saber exatamente o que é permitido e o que ele não deve fazer.

10ª SEMANA

Ele está pronto para ser adotado. Já deve ter tomado a segunda dose de vermífugos e vacinas e é forte e crescido o suficiente. Em raças de grande porte, pode pesar até 15 vezes mais do que quando nasceu, mas conserva toda a energia de um filhote. Agora, ele também está receptivo e carinhoso, no clima ideal para conhecer seu novo e melhor amigo humano.

OS CÃES TÊM MEMÓRIA?

Antes de respondermos a essa pergunta é importante fazermos algumas definições para melhor entendimento.

Didaticamente, podemos dizer que existem três tipos básicos de memória. Existe a memória operacional ou de trabalho, memória de curto prazo e memória de longo prazo.

A memória operacional nos seres humanos se refere à retenção temporária de informações, independente de reforço para o desempenho de determinada tarefa. É de duração ultrarrápida, de apenas alguns minutos. É uma memória útil enquanto dura sua necessidade. Ela não deixa traços e não produz arquivos. Por exemplo, quando memorizamos um número de telefone para digitarmos. Logo depois de realizarmos a ligação, nós o esquecemos.

Em seres humanos, a memória de curto prazo, dura de 30 minutos a seis horas, enquanto que a de longo prazo permanece horas, dias e até anos. Tanto a memória de curto quanto a de longo prazo faz o mesmo percurso cerebral, entretanto, são armazenadas em lugares diferentes.

A memória de longa duração é subdividida em memória explícita e memória implícita.

A memória explícita é direcionada a pessoas, objetos e lugares. Ela é composta da memória episódica e memória semântica.

A memória semântica contém informações de fatos e eventos cotidianos que fazem parte do que somos capazes de lembrar, mas não sabemos como foi armazenado. Nos cães, é a memória de fatos e regras necessárias para a sobrevivência.

A memória episódica é um sistema de memória orientado para o passado. Permite que se possa re-experienciar uma situação pessoal. Está ligada à autoconsciência. Diferente da semântica, ela reserva informações de fatos ou eventos que lembramos e, por isso, sabemos o momento em que foi armazenada, por exemplo, a festa do nosso casamento, o primeiro beijo, a aprovação no vestibular etc.

A memória implícita é a memória responsável pelas habilidades, hábitos e aquelas resultantes de condicionamento. Ela reserva

HISTÓRIAS DE UMA ADESTRADORA

informações às quais não temos acesso consciente, tal como um procedimento automático (dirigir um automóvel).

COMO SE PROCESSA A MEMÓRIA NOS CÃES

Os cães também possuem memória operacional, memória de curto prazo e memória de longo prazo. A operacional e a de curto prazo são as que lhe ajudam a tomar uma ação imediata. A de longa duração já implica em um armazenamento de informação de maneira mais permanente.

Estima-se que a memória operacional dos cães é de dois segundos e a memória de curta duração é de 10 a 20 segundos. Por isso, de nada adianta repreendê-lo por alguma travessura feita cinco minutos ou cinco horas antes. Ele simplesmente não entenderá por que você está brigando com ele. O mesmo vale para o elogio. Ou seja, repreender ou elogiar após 10 segundos não fará o menor sentido para ele.

O CÃO PODE TER AUTOCONSCIÊNCIA!

O estudo de memória episódica em cães é particularmente desafiador porque implica em avaliar um estado mental, como lembrar-se de coisas que não parecem ser importantes, por exemplo, ensinar o cão a imitar uma ação humana sem receber recompensa por isso. Esse experimento foi feito e o resultado espantou a todos os cientistas, pois os cães foram capazes de lembrar o que a pessoa havia feito, mesmo quando não tinham nenhuma razão particular para pensar que deveriam se recordar disso!

Até então, achava-se que o cão não possuía memória episódica, apenas associativa, ou seja, ele era capaz apenas de associar certas coisas e convertê-las em uma espécie de lembrança. Por exemplo, o cachorro poderia sobreviver a um atropelamento e depois teria medo de se aproximar de carros, não porque se lembra do episódio, mas porque associou o carro a dor e medo.

Mas esse conceito mudou com os novos experimentos, mostrando que o cão pode ter algum tipo de memória episódica. Lembrando que a memória episódica está relacionada à autoconsciência, é fantástico pensar que a Ciência pode estar começando a provar a senciência dos cães.

Tudo se relaciona às emoções.

Há, ainda, um fator importantíssimo, que dá suporte para os acontecimentos se fixarem na memória: a emoção. Para tudo ocorrer "perfeitamente" na consolidação das memórias, precisamos, além de processos neurológicos bem estruturados, também do fator emocional, que tem forte influência na fixação das memórias. E isso ocorre mais fortemente nos cães.

A aprendizagem e a memória dependem de milhões de sinapses, que acontecem conforme o estímulo externo que recebem (sinapse é o modo como uma célula nervosa se comunica com outra). Quanto mais estimulamos a memória, mais conexões sinápticas fazemos e mais aprendemos.

A aprendizagem depende do mecanismo neurológico e também da influência emocional. Portanto, para as informações se fixarem na memória de longo prazo é necessário um treinamento contínuo, seguido de períodos de descanso.

Assim funciona o aprendizado do cão em um adestramento. Repetições contínuas de um comando utilizando primeiramente a memória operacional, depois a de curto prazo e, finalmente, consolidando-se na memória de longo prazo. E, como vimos, se o processo de aprendizagem vier junto a uma emoção positiva, como comida, carinho ou palavras de incentivo, ele será consolidado de maneira muito mais efetiva.

OS CACHORROS VIVEM O MOMENTO

Mas os especialistas dizem que os cachorros funcionam melhor com a memória de curto prazo que com a memória de longo prazo. A memória do presente serve para desenvolver uma ação, reação ou comportamento imediato, que não representa necessariamente uma informação que deva ser armazenada por um longo período de tempo. Por isso é comum dizer que os cães vivem o presente.

LAÇOS ETERNOS

Mesmo diante de todas essas informações é importante lembrarmos que o nosso cão pode não se lembrar de um abraço individual, um carinho que fizemos na barriga uma hora antes, mas eles se lembram do amor contido no abraço e no carinho. Do nosso amor eles jamais esquecem e, na verdade, é isso o que importa...

OS BRUTUS TAMBÉM AMAM

Ser chamada para resolver casos de agressividade é bem comum, mas receber esse pedido de um casal de idosos é dor de cabeça na certa.

Brutus era uma mistura de Rottweiler e Labrador, com 7 anos de idade. Tinha a força do Rottweiler e a energia do Labrador. Ele chegou às mãos de dona Elisa e seu José com seis meses e já tinha passado por três proprietários. Problemas, com certeza...

O casal tinha outro cão. Um pequeno SRD bem comportado. Brutus e Dengo se davam bem, mas o casal não conseguiu dar nenhum limite ao grandão de 51Kg. Com o passar dos anos, não tinham mais forças para conter o Brutus no passeio e nem levá-lo para o canil. Ele passou a tomar conta de tudo, só fazia o que queria e a rosnar quando contrariado. Isso fez com que passassem a deixá-lo cada vez mais no canil.

Até aí, nenhuma novidade. A surpresa ficou por conta do pedido do casal. Eles queriam, além de poder passear com ele, também conseguir dar banho. Fazia exatamente seis anos que ele não tomava banho! A maneira como conseguiam era o acorrentando dentro do canil e, à distância, lavar com uma Wap. Exatamente. Davam banho com uma lavadora de alta pressão! Ao me contarem isso devo ter feito uma cara de tamanho espanto que eles falaram ao mesmo tempo: "Mas nós não o machucamos!".

Um cão de grande porte com problemas de temperamento desde sua infância, alijado de passeios, socialização, educação básica e, ainda, sendo aterrorizado por uma Wap. Era isso que me esperava.

Quando cheguei para a avaliação, ele estava no canil e sua dona me aconselhou a não entrar sozinha, mas ela não queria entrar comigo.

—Bom, então o único jeito é a senhora abrir o canil e deixá-lo sair...

Dona Elisa ficou um pouco hesitante, mas acabou concordando.

A imagem que passou pela minha cabeça quando ela tentava abrir o canil era daqueles rodeios em que alguém abre o portão e o touro sai chutando e tentando jogar o peão no chão.

—Tarde demais... Que Deus me ajude –falei em voz baixa.

Brutus saiu correndo feito um torpedo, direto para o portão da frente e latindo como um louco. De repente, olhou para trás e percebeu algo diferente: a minha presença.

Tentando manter a calma, cruzei os braços e sem olhar para ele comecei a procurar possíveis rotas de fuga. Não tinha nenhuma. Não chegaria ao canil a tempo, então esperei pelo pior...

Os 51 Kg de músculos e dentes chegaram bem perto de mim e começaram a me cheirar freneticamente. A essa altura, dona Elisa estava branca como uma cera.

—Ele só está me conhecendo – falei sem muita convicção.

Depois de passar em revista, ele fixou os olhos em minhas mãos e só então percebi que estava segurando uma bolinha. Então, joguei-a bem longe e ele saiu patinando para buscá-la. Da mesma maneira que pegou, voltou correndo e a soltou a certa distância de mim. Ele queria brincar! Ufa!

Calmamente, peguei a bolinha e joguei novamente. Fiz isso durante 45 minutos, até ele cansar e se deitar ao meu lado. Perguntei se brincavam com ele com frequência e a resposta, obviamente, foi negativa. Ninguém tinha coragem de pegar a bola quando ela estava perto dele, pois ele rosnava e tentava morder. Acho que ele foi com a minha cara...

Durante várias aulas aquela bolinha foi minha salvação. Assim que eu passava pelo portão, não dava nenhuma chance para ele latir para mim e já jogava a bolinha. Assim, de maneira meio estranha, começamos a construir uma relação.

Ensinei o "senta", "deita" e "fica" só com aquela bolinha. Só então tive confiança de introduzir comida. Ensinei-o a pegar o petisco da minha mão com delicadeza, sem arrancar nenhum dedo. Quando ele era delicado, além do petisco ganhava também a bolinha. Porém, quando ele deixava a bola entre as patas, somente Deus teria coragem de tirá-la de lá. Tudo bem, esse era o limite estabelecido.

Chegou o dia de sair para passear com ele. Já tínhamos uma relação sólida o suficiente para isso. Só não sabia como iria colocar o enforcador nele. Sim, porque peitoral estava completamente fora de cogitação.

Brutus não deixava que ninguém o tocasse. Não se sentia seguro. Os seus seis primeiros meses foram traumatizantes. Sempre respeitei isso e orientei a todos que não tentassem agradá-lo fisicamente. Ele não gostava e isso deveria ser respeitado. Só que agora eu precisava colocar enforcador e guia nele...

Primeiro, cansei-o bastante com a bendita bolinha e depois que ele se deitou tentei, bem devagar, aproximar a corrente de sua cabeça. Uma rosnada foi o suficiente para eu desistir daquela ideia estúpida.

Na aula seguinte experimentei não brincar com a bolinha. Ele só a ganharia se me deixasse colocar o enforcador. Brutus deixou bem claro que essa artimanha não daria certo com ele. Ficou desconfiado e me deixou de lado. Como não queria perder sua confiança, parei as tentativas.

Não tinha outra alternativa. Eu precisava tocá-lo.

Na aula seguinte iniciei o treinamento com a bolinha, cansando-o bastante. Depois que ele já estava deitado, eu me sentei ao lado dele e abri um apetitoso pacote de vinas (salsichas, para quem não é curitibano...). Comi um pedaço olhando bem pra ele (nessa época ainda não era vegetariana). O pequeno Labraweiler (Labrador+Rottweiler) começou a babar.

—Te peguei, seu mané...

Cortei um pedaço e enquanto aproximava a vina da boca dele, minha mão direita começava a tocá-lo levemente. Assim que ele comeu a vina, tirei a mão de seu dorso. E assim fiz com todo aquele pacote de 1kg de vina!

—Rapazinho, agora você tem 52 Kg...

Saí de lá feliz da vida!

Nas aulas seguintes fiz exatamente a mesma coisa. Até que, por fim, ele já me deixava acariciar todo seu dorso e pescoço. Depois, passei a acariciá-lo com o enforcador na mão enquanto ele saboreava o pacote de vinas.

Tudo perfeito, mas faltava uma coisa: colocar o enforcador.

Ainda utilizando a vina como estímulo, delicadamente coloquei o enforcador nele. Nem acreditei! Ele tinha deixado e nem se incomodou!

Muitas emoções para um dia só, então resolvi deixar o passeio propriamente dito para o dia seguinte.

Brutus não se incomodava com outros cães. Não ligava para eles, então isso não seria problema durante o passeio. Meu maior receio era não conseguir conter sua excitação na rua. E se ele quisesse correr seria um problema...

Treinei um pouco em espaço fechado, mas eu sabia que na rua seria diferente.

Engatei a guia de couro no enforcador de metal e pedi para abrirem o portão. Assim que saímos parecia que ele não acreditava que estava do lado de fora. Olhou-me meio desconfiado, como quem perguntasse: "É isso mesmo?".

—É isso, cara. Estamos do lado de fora! Vamos andar um pouco.

Então enrolei a guia na minha mão o máximo que pude e fiz a pior besteira da minha vida...

Assim que Brutus viu que podia correr, deu um tranco com seus 50 e poucos quilos. Foi, então, que ouvi um "crack".

Era meu dedo...

Primeira lição para quem quiser ser adestrador:

1 – Nunca, nunca, em hipótese alguma, enrole a guia em seu dedo. Ainda mais quando o cão é muito forte e ainda não sabe andar ao seu lado...

Imediatamente, meu dedo ficou do tamanho da bola que o Brutus costumava brincar. Meu grito de dor foi tão grande que até ele parou e me olhou.

—Brutus... please... vamos voltar. Deu ruim...

Passeio frustrado. Para mim e para ele.

Dois dias depois eu estava lá com uma tala no dedo e com meu orgulho ferido.

—Vamos lá, garoto! Hoje vai dar tudo certo!

E deu. Aos poucos, ele foi se acalmando durante o passeio e pude ver aquela "carinha" de felicidade inconfundível nos cães.

—O pior já foi – pensei.

Ledo engano.

Quando voltamos, fechei o portão e logo fui desengatar a guia do enforcador. Foi só nesse instante que conheci a fúria daquele cachorro. Até então não tinha visto nada demais. Achava até que havia certo exagero dos donos.

Brutus não queria que eu tirasse a guia e pulou sobre mim como aquelas bolas maciças de ferro que utilizam para demolir construções. Fui empurrada contra o muro o que, por sorte, deixou-me em pé. Mas, mesmo assim, ele mordeu onde pôde alcançar. Braço e axila. Se eu tivesse caído, não sobraria muita coisa de mim.

A adrenalina faz com que a gente faça coisas impensáveis. Eu o empurrei com toda a minha força e gritei a todo pulmão:

—Para com isso! Saia daqui! – e fui para cima dele.

Do mesmo jeito que surtou, ele saiu do surto e foi se deitar em uma sombra, mas ainda com a guia atrelada ao enforcador.

Seu José saiu cambaleando da casa, achando que o Brutus tinha me matado.

—Não foi nada, seu José. Tá tudo bem.

Só então percebi o sangue escorrendo do meu braço. Então a tremedeira começou.

Depois de alguns copos de água, voltei ao normal para poder raciocinar. Eu ainda tinha que tirar a guia.

Enrolei meu braço em um pano, peguei um pacote de vinas e sentei-me ao lado do Brutus. Ele descansava como se nada tivesse acontecido. Dormia como um príncipe. Nem ligou para as vinas. Foi então que, vagarosamente, consegui tirar a guia.

Operação passeio teve 50% de sucesso.

Um dedo quebrado e duas mordidas no braço. Sou otimista.

Mas após uma semana eu estava de volta.

—Brutus, temos um problema para resolver, querido.

Colocar a guia no enforcador já não era problema, mas tirá-la ainda era um inferno. Várias vezes tentou me morder e eu tinha que ser um pouco ninja para conseguir. Tinha que pensar em uma maneira mais fácil.

Percebi que quando chegávamos do passeio, Brutus ficava bem ansioso para eu abrir o portão e ele entrar para tomar água. Então usei essa ansiedade a meu favor. Enquanto eu abria o portão com a mão esquerda, com a outra mão tirava a guia. Pronto. Ele já entrava sem ela!

Ok. Tudo perfeito. Mas como dois idosos iriam conseguir fazer tudo isso? Afinal, o objetivo era que eles conseguissem levá--lo para passear.

Comprei duas guias de aço e deixei Brutus com dois enforca-dores, de modo que seu José seguraria a guia presa a um enforcador do lado esquerdo e dona Elisa seguraria a guia presa ao outro enfor-cador do lado direito. Brutus não conseguia puxar e eles conseguiam passear com ele com segurança. Nas chegadas treinávamos, da mesma maneira que eu vinha fazendo: enquanto dona Elisa abria o portão, seu José tirava as guias.

E não é que deu certo? Como um relógio, tudo funcionou per-feitamente e os passeios já eram diários.

Agora tinha a segunda parte da minha missão. O banho.

Era impossível tentar o banho no canil. Ele não podia ver bacia ou mangueira que já começava a rosnar. Sem chance. Tinha que ser em um *petshop*. Um ambiente que ele não conhecesse e que tivesse todos os equipamentos necessários para dar banho o mais rápido possível. Mas quem seria o maluco que faria isso?

Minha amiga Márcia, claro!

—Oi, amiga! Quanto tempo! Você tá bem? E o trabalho?

—Fala Kelen... Qual é a fera dessa vez?

Márcia é uma daquelas pessoas que fazem o impossível. Magrinha e franzina, mas com uma calma oriental para lidar com cães. Olhando para ela ninguém imagina o que ela consegue fazer com um cão.

—Pois é, minha amiga bruxa... Esse é dos grandes...

Ouvi um suspiro do outro lado da linha, mas sem vacilar um segundo já foi me perguntando sobre ele.

Contei tudo. Desde o início.

—Mas se você achar que é muito perigoso vou entender.

—Capaz! Parece que não me conhece!

Mexi com seus brios...

—Faz o seguinte, leve ele na segunda-feira, na hora do almoço, que não tem nenhum cachorro marcado. Assim fica mais tranquilo.

Segunda-feira pela manhã já estava na casa do Brutus, brincando loucamente com a bolinha para que ele se cansasse bastante. Um lado bom dele é que ele adorava andar de carro. Era só abrir a porta e ele já se instalava.

E lá fomos nós. Ele meio sentado no banco de trás, com a cabeça quase colada no meu rosto e babando no meu ombro. Às vezes, olhava de soslaio para o tamanho daquela cabeça e pensava: "Acho que enlouqueci de vez...".

Até minha amiga se assustou com o tamanho do rapaz.

—Então é este o Labraweiler? Você tem alguma ideia brilhante de como vamos colocá-lo dentro do tanque? – perguntou, com toda a carga de ironia.

—A especialista aqui é você "miga"... –devolvi a ironia.

Improvisamos uma rampa e com muitas vinas conseguimos colocá-lo dentro do tanque sem nenhum incidente. Ufa!

Como é de praxe em qualquer *petshop*, a guia presa ao pescoço do cão é amarrada em um gancho chumbado na parede para que ele não se mexa muito. Mesmo assim, mantive outra guia na minha mão.

Kelen Sbolli

Com todo o dom que Deus lhe deu, Márcia começou a molhar as patas com água bem quentinha. Depois as pernas e, finalmente, o dorso e a barriga. Ele estava muito calmo. Então ela começou a passar o xampu. Na segunda vez, ele já estava um pouco agitado, pois mal cabia no tanque.

—Agora tenho que lavar esta "cabecinha" dele.

—Vai com fé. Estou segurando firme.

Mas o que é segurar firme para o Brutus?

No exato momento em que minha amiga molhou a cabeça dele, ele imediatamente virou em sua direção com um solavanco, soltando não só a guia da minha mão como o gancho chumbado na parede...

Foi a primeira vez que vi quatro pessoas passando ao mesmo tempo por uma porta. Sim, quatro corpos podem ocupar o mesmo lugar no espaço...

Eu não sabia se ria, se segurava o Brutus ou se ajudava minha amiga, que levou um banho do chuveirinho!

Na verdade, Brutus só ficou curioso com o manejo e não foi com a intenção de morder. Só que ninguém ficou para constatar isso.

Finalmente, terminamos o banho. E achamos melhor secá-lo só com a toalha mesmo...

O rapazinho voltou dormindo como um bebê no carro! Quando chegamos, seus donos nem acreditavam no que viam!

—Kelen! Ele mudou até de cor! Que pelo brilhante! E sinta o cheiro! Que fofo!

Foi com lágrimas nos olhos que dona Elisa me agradeceu.

Seu José meu deu um tapinha nas costas e disse:

— Agora você já pode levá-lo todo o mês para o banho.

—Claro, seu José. Levo sim. Ele é um doce... (hehehe).

Ainda fiquei mais um tempo em treinamento com o Brutus e seus donos para só então liberá-lo.

Esse treinamento foi o que costumo chamar de "redução de danos". Brutus jamais seria um cão completamente sociável, que iria brincar com as pessoas. Mas para a vida que seus donos podiam fornecer, ele já estava plenamente adaptado.

HISTÓRIAS DE UMA ADESTRADORA

Embora eu tenha ficado com algumas cicatrizes, literalmente, foi um grande aprendizado. E ainda sinto falta daquele Labraweiler ranzinza.

AGRESSIVIDADE EM CÃES – O QUE FAZER?

Quem tem ou já teve um cão com certeza já observou algum tipo de comportamento agressivo de seu pet, seja ele de companhia ou para guarda.

A agressividade é instintiva ao cão uma vez que, vivendo em matilha, competiam por recursos, abrigo e reprodução.

No entanto, ao serem domesticados, convivendo com uma família, esse comportamento não é mais tolerado e a adaptação ao ambiente humano nem sempre é fácil.

Vários são os fatores que podem desencadear a agressividade em nossos cães, desde alterações neuro-hormonais até alterações comportamentais, por traumas, medos, falta de manejo adequado, ansiedade específica ou generalizada ou, simplesmente, falta de capacidade de leitura da linguagem corporal do cão por parte dos seus tutores[8].

A "agressividade" canina é um componente normal em uma série de contextos, a saber:

—Lúdico: quando os filhotes apresentam comportamento de luta, que, na verdade, está preparando-o para encontros agonísticos (comportamento de luta, disputa, que pode ser agressão real ou ritualizada) futuros com outros cães, em que ele terá que saber ser dominante e/ou submisso.

—Social: na visão do cão, o homem faz parte de sua matilha e, portanto, ele deve entender, através de tentativas, qual o seu papel e do "seu humano" dentro dessa matilha. O dono que não apresentar atitudes coerentes dentro desse contexto poderá programar a mente do seu cão para que este assuma a função.

—Territorial: diz respeito ao espaço de ocupação daquele cão ou matilha.

---

[8] HORWTIZ, D. F.; NEILSON, J. C. *Comportamento canino e felino*. Agressão dirigida a humanos. Porto Alegre: Artes Médicas, 2008.

—Alimentar: posse pelo alimento ou objeto e local de refeições.

—Predatória: refere-se à perseguição e abate da presa. Nesse contexto, a caça pode ser qualquer objeto em movimento, desde o gato até bicicletas e motos.

—Defesa pessoal: quando ameaçado ou acuado.

Depois da domesticação, os cães sofreram alguns desajustes nesses comportamentos normais de agressividade.

Dependendo do indivíduo, pode haver aumento ou diminuição do limiar de respostas a estímulos. Pode exagerar ou omitir um ou mais componentes de uma sequência comportamental, por exemplo, quando o cão vai descansar, ele circula, dorme e depois espreguiça. Nessa ordem. A alteração de um desses fatores pode deixar o cão mais reativo. Pode, ainda, haver uma ritualização de algum padrão que já perdeu sua função no tempo, como pegar um pouco da ração e ir comer em outro lugar, como seus antepassados faziam para garantir seu pedaço.

A manipulação genética feita pelo homem abriu uma série de possibilidade do cão se tornar reativo ou agressivo em uma situação em que normalmente não haveria perigo[9].

Somando tudo isso à falta de capacidade ou habilidade do ser humano em fazer a leitura corporal do cão, podemos ter uma bomba relógio prestes a explodir.

A educação canina tem um papel importante nesse controle e envolve desde o aprendizado de comandos básicos–como sentar para ganhar algo, deitar para esperar no local e não pular etc. –, até a socialização no seu sentido mais amplo, ambientando o cão a novas situações, pessoas, locais e outros cães.

O proprietário que se preocupa em educar positivamente seu cão, não terá problemas com agressividade. É importante também que o tutor se empenhe em aprender a linguagem corporal do seu cão para não ultrapassar limites e entender o que pode estar desagradando seu pet.

O medo é um dos principais fatores que desencadeiam a agressão nos cães, uma vez que o que ele não conhece pode parecer uma

---

[9] Disponível em: www.saudeanimal.com.br/2015/11/22/agressao-canina/. Acesso em: 20 dez. 2019.

HISTÓRIAS DE UMA ADESTRADORA

ameaça real, e sua defesa será o ataque. Portanto, apresentar o mundo ao filhote é fundamental para que no futuro ele não tenha medo de pessoas estranhas, crianças, outros cães, barulhos, outros animais, ambientes etc.

Mas se o seu cão não é mais filhote e está apresentando um comportamento agressivo, não se desespere!

Primeiramente, seu cão deverá passar por um veterinário para avaliar se há alguma alteração física, genética, ou não, que está desencadeando este comportamento.[10]Uma vez descartada essa possibilidade, é fundamental entrar em contato com um profissional da área, um adestrador, para que ele avalie as causas, gatilhos e como abordar o problema com uma técnica adequada. Isso vale não só para reatividade contra humanos, mas também contra outros cães.

Um processo de dessensibilização, contracondicionamento e técnicas de obediência será fundamental. Porém a maneira como será realizado, apenas um profissional da área saberá orientar. Nunca tente resolver um problema dessa dimensão sozinho ou apenas lendo a respeito.

Como citado anteriormente, o medo é um dos fatores desencadeantes da reatividade, mas não é o único. A falta de atividade física e mental também deixa o cão mais tenso, ansioso e, sem uma maneira de canalizar sua energia, ele poderá redirecionar para a agressividade. A solidão, a falta de interação com sua família humana, também é um fator importante nessa equação complexa.

Esse é um tema que está sendo muito estudado pelos pesquisadores do comportamento canino e todos os dias novas informações nos chegam pelos canais científicos. No entanto, veterinários, adestradores e cientistas são unânimes em ressaltar a importância do ambiente em que o cão reside e o respeito às suas necessidades como fatores essenciais para uma vida saudável e harmônica entre os mundos canino e humano.

---

[10] HAUG, Li. Canine agressive toward unfamiliar people and dogs. *South Texas Veterinary Behavior Services*, 2008.

FRANCIS – O DONO DO PEDAÇO

Gosto muito de trabalhar com cães com problemas comportamentais. A obediência básica me diverte muito, mas as alterações comportamentais são sempre um desafio. Porém não tinha ideia, quando fui chamada para trabalhar com o Francis, um Whippet de 2 anos, que eu me divertiria tanto com um problema comportamental.

—Então, Rosana, me explica desde o começo esse ciúmes do Francis.

Assim comecei a avaliação comportamental de um cão ciumento, segundo sua tutora.

—Pois é... – falou, dando um longo suspiro e mergulhando o olhar em um vazio.

—O Francis está comigo desde os 40 dias, quando o comprei. Desde então, somos só nós dois. Até agora.

—Agora você está namorando? –perguntei, já imaginando o que viria.

—Sim. Há alguns meses conheci uma pessoa e estamos pensando seriamente em nos casar. Mas o Francis não aceita o Natal de jeito nenhum!

—E como você se sente em relação a isso? Quero dizer, se não tiver jeito, o que você fará? –Precisava saber onde estava pisando.

—Bom... Não sei... Mas jamais abandonarei o Francis.

Ótimo! Adoro trabalhar com clientes assim!

Francis não ligava muito para bolinha, mas comida era seu fraco.

Comecei o treinamento básico de obediência. Ele tinha que aprender a se sentar, deitar, ficar e vir quando chamado. Era o mínimo. E sua tutora tinha que dar conta disso.

—Rosana, se você não se empenhar em treinar fora do horário de nossas aulas não vai dar certo.

—Eu não tenho muito tempo, Kelen.

—Arranje. Ou você não vai se casar nunca. Afinal, você não vai abandonar o Francis porque VOCÊ não consegue treiná-lo.

Pronto. Enchi-ade culpa e, repentinamente, ela achou tempo extra para os treinos. Chamo essa tática de "técnica de terrorismo ao tutor". Sempre funciona.

Com o empenho da tutora, Francis já obedecia em diversas situações e locais diferentes. Porém chegara o momento de inserirmos o elemento aversivo...O namorado.

Marcamos uma noite, no apartamento da Rosana.

Cheguei antes para explicar o que provavelmente ocorreria.

—Rosana, quando o Natal chegar, quero que você o receba normalmente. Eu preciso observar toda a linguagem corporal do Francis e de vocês também, ok?

Com um olhar um tanto sem esperança, ela concordou.

Quando a campainha tocou, Francis já pulou do sofá e ficou ao lado da porta sem emitir nenhum som.

—Não dê ordem nenhuma por enquanto. Só quero observar.

Quando ela abriu a porta, o namorado entrou e antes de abraçar a Rosana, ele olhou para o Francis e disse:

—Oi, cara! Tudo bem? Está tendo aula, é?

Imediatamente, Francis respondeu mostrando toda a sua arcada dentária. Sinceramente, tive que me conter para não rir.

Era como se o cachorro dissesse um palavrão para ele:

—Vai se f..., seu otário.

Juro que o ouvi falar isso...

Quando Natal beijou Rosana, Francis deu uma latida e ficou encarando o intruso.

Só acenei a cabeça em cumprimento a Natal porque não podia perder aquele momento.

—Rosana, normalmente, o que você faz agora? Esqueça o treinamento.

—Bom, eu grito com ele e o afasto. Mas ele continua latindo, então o prendo no quarto.

—E no quarto ele para de latir? – perguntei.

—Não. Tenho que ir lá umas 10 vezes para gritar com ele. Às vezes, levo uma bolinha com petisco para ele se entreter e parar de latir – respondeu, já mostrando nervosismo.

Natal continuava congelado, no mesmo lugar. Ele deveria amá-la muito...

Peguei o peitoral rapidamente e coloquei naquela ferinha.

—Natal, sente-se no sofá.

Enquanto ele se sentava, eu mudei o Francis de posição, mostrando os petiscos na minha mão.

Rosana também se sentou ao lado do namorado enquanto eu fazia todos os exercícios que o Francis já havia aprendido. A atenção dele estava toda em mim.

Pedi para que eles circulassem um pouco no apartamento enquanto eu continuava os exercícios que, obviamente, o Francis adorava fazer. Tirei o peitoral e continuei.

—Natal, agora desça, por favor, enquanto converso um pouco com a Rosana. E depois nós nos encontraremos lá na recepção para conversarmos.

Natal desceu, quase aliviado.

—E aí? O que achou? Ele tem jeito? – perguntou, com grande ansiedade.

—O Francis sim. Você, já não tenho certeza... Brincadeirinha! Claro que sim! Mas você terá que mudar muito sua postura com ele.

—Entendi. Terei que ser mais durona com ele? Mas isso não estava dando certo – falou, quase em desespero.

—Durona, não. Assertiva. Você terá que mostrar o que quer dele, mas antes terá que ensinar isso. Segundo, terá que mostrar que ficar perto do Natal é a coisa mais legal do mundo.

—Será possível isso? – perguntou, já com certa esperança.

—Vai ser moleza...

Desci para conversar com Natal a sós.

—Natal, você realmente ama a Rosana?

A frase soou propositalmente trágica.

—Claro! – respondeu.

—Então se empenhe. Vamos subir.

Choque de realidade com clientes é minha especialidade...

Ele concordou com tudo e disse que faria o impossível se necessário.

Ah! O amor...

Fizemos treinos diários. Francis aprendia muito rápido. O problema era o casal.

—Só o premiem quando ele estiver calmo e não o repreendam quando fizer algo errado. Não é disso que ele precisa agora. Entendam, ele deve ser acolhido. Deve sentir que faz parte dessa nova família. Deve sentir que agora a matilha é de três componentes e que ele faz parte disso amorosamente.

Natal, às vezes, parecia não entender o que eu dizia e já estava ficando frustrado.

Certo dia, em que ele estava bem desanimado, pedi para a Rosana sair e fiquei a sós com ele.

—Natal, olhe para o Francis.

Francis estava deitado em sua caminha, olhando-nos, parecendo entender tudo.

—O que você vê?

—Vejo um cachorro triste.

—Triste? Será? Olhe bem a postura dele. Está relaxado e olhando para nós amorosamente. Então, quem está triste?

—Eu estou triste – respondeu, quase chorando.

—Pois é. Ele sabe disso, e ele acha que essa tristeza e, anteriormente, sua ansiedade, estão fazendo mal para o amor da vida dele, que é o mesmo amor da sua vida, a Rosana.

—E como você sabe disso?–perguntou, brincando.

Mas me mantive séria porque o assunto era sério.

—Eu simplesmente sei. Não me pergunte como. Eu só sei.

Nesse instante, ele se desarmou.

—Quero muito que tudo dê certo.

—Sente-se ao lado dele. Vai lá, sente ao lado da caminha e não fale nada. Só fique lá.

Eu fiquei imóvel, observando a cena. Depois de alguns minutos, Natal olhou para o Francis, que retribuiu. Foi o diálogo silencioso mais lindo que já vi.

—Natal, pegue esses petiscos que estão ao seu lado e ofereça a ele pequenos pedaços.

Nesse momento, eles começaram a fazer um laço afetivo.

—Agora, levante-se devagar e o chame. Quando ele chegar até você ofereça outro pedaço.

Eu procurava não me mexer e falar o mais baixo possível. Não queria que Francis se distraísse com minha presença e nem buscasse ajuda em mim.

Foi assim que, de maneira amorosa e desarmada, Natal conseguiu estabelecer um vínculo com Francis. Naquele dia, os dois fizeram vários exercícios juntos.

As aulas seguintes foram excelentes, com progressos impressionantes.

—Ok, pessoal. Hoje será a prova de fogo. Quero que vocês três fiquem no quarto enquanto eu preparo a sala.

Não entenderam nada, mas obedeceram. Já tinha separado algumas músicas românticas para eles dançarem bem coladinhos, tudo que Francis detestava. Afastei a mesa, diminui a luz, deixei alguns saquinhos com petiscos em lugares estratégicos da sala e os chamei.

Obviamente, riram, mas ficaram empolgados.

—Natal, cada vez que o Francis se aproximar de vocês calmamente, dê um petisco. Tem vários saquinhos espalhados pela sala. Rosana, você não fale e nem faça nada. Só dance e relaxe...

Descrever a cena é impossível. Meus olhos marejaram. Então vocês já devem saber qual foi o resultado...

O verdadeiro amor é lindo...

OS CÃES TÊM CIÚMES?

A função do comportamento ciumento é facilitar a manutenção de uma relação social que é ameaçada por um terceiro.

O comportamento ciumento, até há pouco tempo, era considerado exclusivamente humano e que pode ser observado em crianças a partir de 2 anos, quando o desenvolvimento sociocognitivo complexo está se formando.

Porém estudos recentes mostraram que mesmo crianças menores de 2 anos possuem esse comportamento devido à interação de emoções primárias, como raiva, tristeza e medo. A combinação desses três fatores resulta em um comportamento primário de ciúmes, ou protociúmes.

A partir desses estudos, os cientistas foram pesquisar esse tipo de comportamento em cães, pois eles também possuem as emoções primárias de raiva, tristeza e medo.Assim, as bases científicas para uma pesquisa detalhada sobre o comportamento de ciúmes nos cães estavam estabelecidas[11].

Mas o que é exatamente o comportamento ciumento? Os pesquisadores o definem como quando uma importante relação social com um parceiro social valorizado é ameaçada por um terceiro, um indivíduo rival. Por exemplo, quando o dono faz carinho em outro animal ou mesmo em um ser humano. Isso é observado tanto em humanos como em cães.

Um interessante experimento foi realizado por Cook e cols., em que imagens cerebrais não invasivas, da área da amígdala, foram

---

[11] HARRIS, C. R. *et al.* Jealous indogs. *PLoS ONE*, 2014.

feitas. Sabe-se que essa área está relacionada à agressividade e que, de certa maneira, há uma correlação entre agressividade e ciúmes.

Os cientistas separaram cães mais agressivos e observaram as imagens da amígdala enquanto assistiam a seus donos darem comida a um falso cachorro. Eles apresentaram maior ativação dessa área cerebral do que quando seus donos colocavam simplesmente a comida em um balde.

Outro dado interessante é que a resposta da amígdala se habituava quando uma interação foi observada pelo cão repetidamente, sugerindo que exposições repetidas podem ser ferramentas úteis em cães potencialmente ciumentos. A dessensibilização e contracondicionamento se encaixam nessas ferramentas[12].

Os comportamentos mais comuns que os cães apresentam quando estão com ciúmes são: afastar o objeto que está interrompendo a atenção do dono, seja ele outro cão, um ser humano ou um objeto, como celular, computador, controle remoto, jornal, livro etc. Eles podem até mesmo chegar a uma agressão mais contundente. Em suas pesquisas, os cientistas provaram que essas reações de agressividade estão relacionadas ao comportamento ciumento e não à dominância por posse ou território.

As mudanças de comportamento mais frequentes observadas em cães ciumentos são:

- Latidos e rosnados.

- Cauda abanando intensamente.

- Tentativa de interromper a ligação do dono com o objeto de ciúmes.

- Ansiedade.

A chegada de um novo membro na família pode desencadear um processo de ciúmes, como: um novo cão, um bebê, um(a) namorado(a) etc.

Para evitar o comportamento ciumento é importante educar o cão desde filhote no sentido de dar limites, obediência, definir bem

---

[12] COOK, P. *et al.* Jealousy in dogs?Evidence of brain images.*Animal Sensitivity*, 2018.

qual é o espaço dele, socializar intensamente com estranhos e outros animais para que eles não pareçam uma ameaça e não permitir posse excessiva por algum objeto, por exemplo, seu brinquedo preferido.

Uma dica útil para diminuir os ciúmes iniciais quando um novo membro chega à família é fazer associações positivas com o objeto de ciúmes, seja com petiscos, brinquedo ou outra coisa de que o cão goste muito.

Outro detalhe importante é não achar engraçadas as demonstrações de ciúmes, pois isso só reforça o comportamento e piora a convivência com os membros da família. Primeiro, deve-se ignorar e, posteriormente, contracondicionar esse comportamento ciumento inadequado através de técnicas simples, que um adestrador pode orientar.

DONO PROBLEMÁTICO? EU NÃO!

Quando cheguei ao apartamento me deparei com um lindo Shih Tzu de aproximadamente 2 anos chamado Bart.

Ele veio até mim, pulando e ofegando, parecendo que queria contar algo muito importante.

Sua dona, tão ofegante quanto ele, começou a contar o seu drama diário.

—Já recebi várias reclamações e em duas semanas foram duas multas do síndico! Se não conseguir resolver vou ter que doá-lo!

Olhei para ele e trocamos um olhar de cumplicidade. "Eu sei, querido. Sempre sobra pra vocês, né?", pensei, quase em voz alta.

—Neuza, qual o período que você fica fora de casa?

—Eu saio para trabalhar às 7h e volto por volta das 22h, depois da faculdade – respondeu, meio sem graça.

Durante todo esse período que ficava sozinho, seu cão latia e uivava sem parar e, na maioria das vezes, fazia cocô pela casa toda, arranhava a porta e se negava a comer.

—Antes de começar o treinamento quero que você saia com ele duas vezes por dia, durante uns três dias, para diminuir um pouco a ansiedade. Você terá que se levantar mais cedo e dormir mais tarde. Combinado? Sem isso eu nem começo.

Às vezes, é necessário dar um choque de realidade nos tutores...

Comecei o treinamento pela obediência básica, como sentar, deitar e ficar, que seriam importantes para diminuir sua hiperatividade e aprender a relaxar.

Quando eu fazia o treino, o cão respondia pronta e calmamente. Porém, quando eu solicitava que a tutora fizesse o mesmo, ele não atendia, inclusive, ficando ofegante e ansioso. Percebi que quando isso acontecia, ela ficava mais ansiosa e cada vez mais nervosa. Então perguntei se ela aceitaria fazer alguns exercícios com uma psicóloga que trabalha comigo, a Dr.ª Lilian.

—Mas eu não tenho problemas psicológicos!

—Eu não disse que tem. Acho apenas que um relaxamento fará bem a você – respondi, pisando em ovos, afinal, não sou terapeuta de humanos.

Na sessão seguinte, a Dr.ª Lilian foi comigo e fiz os mesmos exercícios com Bart, pedindo para Neuza repetir. Novamente, o cão não respondeu.

Enquanto eu prestava atenção em Bart, a Dr.ª Lilian observava atentamente a postura de Neuza.

Em determinado momento, ela interveio e sugeriu, com toda a paciência que sua profissão lhe deu, um exercício de relaxamento.

Elas foram para o outro cômodo e eu continuei com o Bart na sala, que, por sinal, estava bem ansioso. Fui percebendo que o Bart estava se acalmando mesmo eu não fazendo nenhum exercício diferente com ele.

De repente, elas aparecem na sala e Neuza estava com os olhos inchados de tanto chorar. Isso porque não tinha nenhum problema, pensei...

—Que alívio! Parece que saiu uma tonelada dos meus ombros!

Olhei para a Dr.ª Lilian e perguntei só com o olhar: "Que bruxaria você fez?".

—Só conversamos um pouco, fizemos um relaxamento e ensinei técnicas de meditação para a Neuza fazer todos os dias.

"Definitivamente, a Dr.ª Lilian é uma bruxa... Agora lê pensamentos também", pensei.

Neste momento, pedi para que Neuza fizesse o exercício com o Bart e o resultado foi impressionante! O estado calmo e relaxado que ela apresentava teve imediata influência sobre ele. Ele parou de ofegar, focou em sua dona e repetiu tudo de maneira correta.

HISTÓRIAS DE UMA ADESTRADORA

Foi, então, que tive certeza absoluta da influência do estado emocional do dono sobre seu cão.

Era visível a melhora do Bart com o passar das aulas. Sua dona se conscientizou das reais necessidades dele e isso facilitou sobremaneira o trabalho. Hoje, ele tem uma vida mais saudável e sua dona economizou muito em multas do condomínio...

ANSIEDADE DE SEPARAÇÃO EM CÃES E TERAPIA COMPARTILHADA PARA ANSIEDADE DOS DONOS

A ansiedade de separação em cães é um problema complexo e grave e é definido na medicina veterinária como Síndrome da Ansiedade de Separação (SAS). O próprio nome já define sua complexidade. Em termos médicos, "síndrome" é um conjunto de sinais e sintomas que definem uma patologia, podendo resultar de mais de uma causa. Ao contrário da "doença", que é relacionada a sintomas específicos.

A SAS é um conjunto de comportamentos apresentado pelo cão quando ele é deixado sozinho. Os sintomas são variados, podendo ser de média a alta intensidade. Exemplos: vocalização excessiva (choramingos, latidos e uivos); xixi e cocô em lugares não habituais; destruição de móveis, portas, sofás etc.; automutilação por lambedura; babar excessivamente; falta de apetite, depressão ou inquietude são os mais comuns. A angústia já começa antes mesmo de o tutor sair de casa. Quando este começa a se arrumar para sair ou pegar bolsas e chaves, o cão já antecipa que ficará sozinho e pode "seguir" o dono pela casa, fica ofegante e começa a choramingar.

Essa síndrome é uma das principais reclamações dos tutores. Nos últimos 25 anos, o número de animais com SAS aumentou consideravelmente[13]. O papel dos cães mudou na sociedade, mas os cães não mudaram. Eles continuam tendo necessidades inerentes à sua espécie e o ser humano as supre cada vez menos.

Mas por que alguns cães apresentam esse comportamento e outros não? Se os sintomas são complexos, as causas são inúmeras. Podem ser desde causa genética, traumas, falta de socialização,

---

[13] DIAS, M. *Ansiedade de separação em cães*: revisão.UFRPE, 2013.

solidão, dependência excessiva do dono até a ansiedade e alteração psicológica do proprietário.

Estudos mostraram que algumas condições são necessárias para a SAS se desenvolver:

—Hiperventilação: é o cão levemente ansioso, que requer sempre a atenção do proprietário (quase sempre com sucesso) e bastante sensível a alterações ambientais[14].

—Ansiedade pré-partida: sinais como inquietação, tremores, taquicardia, ofegação, hipersalivação, vômito e depressão ocorrem sempre em resposta às dicas de partida.

Cão inseguro, que não passou por obediência básica e socialização com outros cães e pessoas, não tem estímulos como passeios e exercícios e, ainda, com um dono ansioso, é a receita para problemas de comportamento. Este cão é uma bomba relógio.

Para evitar que seu animal desenvolva essa síndrome é importante estimulá-lo desde pequeno com brinquedos diversos, exercitar sua mente com exercícios de obediência básica por meio de adestramento e acostumá-lo a ficar sozinho pouco a pouco.

Mas se o seu cão já estiver apresentando a SAS é importante, em primeiro lugar, passar por uma avaliação pelo médico veterinário para descartar qualquer problema físico como causa. Depois da revisão médica, é importante ter em mente que nenhum castigo, bronca ou punição resolverá o problema. Ao contrário, só irá piorar! Seu amigo canino está sofrendo e precisa de sua paciência e amor.

Diante disso, alguns detalhes podem fazer muita diferença.

Ao sair, procure manter a calma e não se despedir do seu cão, pois isso criará nele uma expectativa exacerbada pela sua volta, aumentando a ansiedade.

Da mesma maneira, ao chegar em casa, somente dê atenção e carinho quando ele se acalmar. Não dê nenhuma bronca com a bagunça que ele eventualmente tenha feito. Acalme-se primeiro e depois arrume tudo sem valorizar isso na frente do seu cão.

Pequenos exercícios, alternando rápidas saídas com ausências mais longas, vão ajudar o seu cão a perceber que você voltará.

---

[14] LANDSBERG, G. *Problemas comportamentais dos cães e do gato*. 2. ed.São Paulo: Rocca, 2004.

HISTÓRIAS DE UMA ADESTRADORA

Deixar brinquedos que o ocupem por bastante tempo é fundamental (garrafas pet com ração, Kong etc.), bem como alternar esses brinquedos no decorrer dos dias.

Passeio diário é obrigatório, de preferência antes de sair por um período maior. Se for necessário, creche em dias alternados e até mesmo um acompanhamento com medicamento ansiolítico ou homeopático.

Tão importante quanto trabalhar o seu cão é trabalhar a si mesmo. Perguntar-se: "O que estou fazendo que está provocando ou reforçando esse comportamento do meu cão?". O comportamento do animal é um termômetro do nosso próprio comportamento.

Quando o cão não tem nenhuma atividade, seu mundo se resume a sua família humana. Como uma esponja, ele pode absorver seus problemas, agravando sobremaneira sua ansiedade.

Os cães são nossos amigos até para ajudar a detectar um problema psicológico em nós mesmos. Desse modo, quando tratamos um problema comportamental em nossos cães, devemos fazer uma autoavaliação para trabalharmos alguns comportamentos que possam estar prejudicando nosso amigo canino e a harmonia entre ele e nossa família.

um Humano Teimoso

Fábio era um rapaz inteligente. O tipo de pessoa que transita em todos os assuntos sem constrangimento. Era muito bom conversar com ele. Nem via o tempo passar.

Mas... (sempre tem um mas...) Fabio tinha algumas ideias preconcebidas difíceis de atualizar.

—Kelen, a Tina é muito inteligente!

Tina era sua Lhasa Apso de 2 anos.

—Tenho certeza que sim. Mas por que você diz isso? Como chegou a essa conclusão?

—A Tina me adora e quer ficar perto de mim o tempo todo. Mas não é sempre que posso ficar com ela. Então, quando eu saio, ela começa a fazer bagunça pela casa só para se vingar!

Se pudesse colocar um emoji aqui, seria aquele com os olhinhos virando para cima...

—Mas Fabio, os cachorros não têm esse tipo de sentimento. Vingança não faz parte do repertório deles. Esse é um sentimento humano, aliás, um dos piores.

—É que você não conhece a Tina – respondeu com um ar de desdém.– Inclusive, ela sabe que fez besteira. Quando eu chego em casa depois que ela aprontou, imediatamente vai para o castigo sozinha. Fica com aquele olhar de arrependida.

—Que castigo é esse? – perguntei, já me preparando para a resposta.

—É o cantinhoemque eu a coloco quando ela apronta. Deixo ela lá um tempão.

—Humm...sei. E resolve?

Kelen Sbolli

—Na verdade, não, porque ela sempre apronta de novo. Mas eu tenho que mostrar quem manda!

Pronto. Já tinha ouvido o bastante para saber que teria muito trabalho...com o tutor, não com o cão.

Respirei fundo e comecei,

—Então vamos lá. Vou te contar algumas coisas que talvez você não saiba. Os cães são os animais que mais entendem o homem. Em todos os sentidos, eu diria. Devido a nossa estreita convivência há mais de 30 mil anos, eles aprenderam a identificar nossas emoções. Os cães são os únicos animais que olham nos olhos dos seres humanos. Nem os chimpanzés fazem isso.

—É por isso que disse que a Tina é muito inteligente e sabe exatamente como me deixar brabo.

Sua resposta foi quase imediata, mas eu já esperava por isso.

—A inteligência dela está em outro sentido, Fabio. Os cães têm uma capacidade incrível de ler cada pedacinho de nossas expressões faciais e corporais. Quando você chega em casa e vê algo que ela aprontou, imediatamente sua expressão muda. Pequenas alterações musculares acontecem em seu rosto. Tão sutis que nem você percebe. Mas a Tina percebe. Ela sabe que quando você altera sua expressão daquela maneira, imediatamente vem uma bronca e você a leva para o cantinho do castigo. Mas na verdade, ela não sabe o porquê está sendo punida.

Um olhar um pouco mais interessado pairou sobre mim, então continuei.

—Alguns cientistas afirmam que a memória de trabalho do cachorro dura aproximadamente três segundos. É a memória de curta duração. Quando ela faz alguma coisa que não deveria ter feito, você deve dar uma bronca naquele exato instante. Se passar muito tempo, ela não entenderá e provavelmente vai relacionar com alguma outra coisa que aconteceu segundos antes.

—Não sei, não. Acho essa teoria meio furada porque, às vezes, eu nem cheguei a ver a bagunça e ela já demonstra que fez algo errado.

—Fabio, os cães têm uma percepção muito maior do que você imagina, mas eles não têm a racionalidade humana. Aliás, nenhum animal é tão inteligente e racional como nós. Em minha opinião, a maioria dos animais ganha de nós no quesito inteligência emocional.

Eu estava bem paciente naquele dia. Normalmente, eu já teria dado uma resposta do tipo: "Se você está tão certo disso por que precisa de ajuda?".

Na verdade, a conversa foi longe. Fabio era o tipo de cliente que não queria só o problema resolvido, ele queria entender todos os porquês. Isso era uma coisa muito legal, apesar de ser "duro na queda".

Tina era destruidora sim, porém a razão era por falta de atividade, não só fora de casa, mas também dentro de casa, junto com seu tutor.

Fizemos enriquecimento ambiental, mudamos sua rotina de passeios, comida e atividades mentais.

Fábio se rendeu às correções apenas pontuais e ao treinamento de obediência básica utilizando recompensas como fator principal. Entretanto o mais marcante nesse trabalho foi conseguir transformar e quebrar alguns paradigmas. Quanto mais pessoas entenderem quais são as potencialidades e limites dos cães em geral, mais saudável será a convivência entre espécies tão antagônicas e, ao mesmo tempo, tão próximas.

OS CÃES ENTENDEM NOSSAS EMOÇÕES?

"Parece que meu cão sabe o que estou sentindo!".

Que dono de cão nunca usou essa expressão? Pois agora está cientificamente comprovado que eles conseguem reconhecer emoções pela expressão facial, tal como os seres humanos.

Um experimento muito interessante foi realizado com vários cães.

Cada cão foi colocado em uma sala com duas telas de vídeo. Em uma das telas aparecia uma pessoa fazendo uma expressão feliz e na outra tela a mesma pessoa aparecia com uma expressão de raiva. Ao mesmo tempo, um som era ligado com uma pessoa falando palavras de maneira alegre ou falando as mesmas palavras de maneira raivosa.

A maioria dos cães olhou a tela correspondente ao som. Por exemplo, quando ele ouvia palavras ditas de maneira alegre, imediatamente olhava para a tela cuja pessoa tinha uma expressão feliz[15].

Até então, pensava-se que esse tipo de correlação entre expressões faciais e vocalizações era prerrogativa dos seres humanos. Nem os chimpanzés, primos dos seres humanos, são capazes de categorizar as emoções humanas. Isso explica a famosa lenda de que os cães sabem que fizeram "coisa errada" e se encolhem com cara de culpa.

Na verdade, quando chegamos em casa e vemos alguma bagunça que nosso cão fez, imediatamente mudamos nossa expressão facial e o cão reconhece que estamos zangados. Nesse instante, ele tenta fazer uma linguagem corporal de apaziguamento, abaixando a cabeça, levantando a sobrancelha e encolhendo o corpo. No entanto ele não relaciona com a "bagunça" e não sabe por que estamos zangados.

Mas por que só os cães, entre todas as espécies não humanas, têm essa capacidade de leitura de nossas emoções?

Em termos evolutivos, parece bem óbvia a importância de aprendermos a "ler" a expressão corporal de nossos pares de mesma espécie. Afinal, vivemos em sociedade e essa característica é fundamental para uma interação social funcional. Mas por que os cães desenvolveram essa habilidade em relação a nós, seres humanos?

A relação entre cães e seres humanos é única no reino animal. Os humanos e os cães têm compartilhado o mesmo ambiente social há mais de 30 mil anos. Descendentes dos lobos cinzentos, cães amigáveis e dóceis, conseguiam ficar mais perto dos humanos para obter alimento e abrigo. Em troca, eles ajudavam nas tarefas diárias de caça e na proteção.

O desenvolvimento da relação homem-cão passa por duas teorias:

1. Teoria Filogenética: no processo evolutivo, os cães que conseguiam fazer melhor a leitura das emoções humanas tinham mais chance de sobrevivência na comunidade e, consequentemente, transmitiam sua carga genética para seus descendentes.Esse processo

---

[15] ALBUQUERQUE, N. *et al*. Dogs recognize dog and human emotions.*Biology Letters*, Lett, 2015.

HISTÓRIAS DE UMA ADESTRADORA

extensivo de seleção natural durante a domesticação influenciou e modificou a capacidade sociocognitiva dos cães, essencial para que hoje os consideremos nossos melhores amigos.

2. Teoria Ontogenética: aeste processo adaptativo os cientistas chamaram de convergência cognitiva evolutiva, ou seja, quando duas espécies completamente diferentes desenvolvem capacidades cognitivas semelhantes como resultado da sua adaptação em um mesmo ambiente[16].

Eles aprenderam a reconhecer nossas emoções, mas, e quanto a nós, seres humanos? Será que os entendemos tão bem quanto eles a nós? Infelizmente, ainda não. Nossa racionalidade e, porque não dizer, soberba, não nos permite observá-los como são. Embora as pesquisas sejam importantes, somente com os olhos do coração é que conseguiremos entendê-los.

---

[16] REDIGOLO, C. S. *O papel da atenção humana na comunicação cão-ser humano por meio de um teclado*. Dissertação de Mestrado em Psicologia experimental. Instituto de Psicologia da Universidade de São Paulo. São Paulo, 15 jan. 2009.

MENINO JOÃO

Os cães sempre me emocionam pela sua sensibilidade, sua capacidade de amar, de cuidar. Ao longo de tantos anos trabalhando com e para eles, ri muito, mas chorei outras tantas quando via o seu sofrimento. Só eles conseguem tocar profundamente meu coração. Na maior parte do tempo, os humanos não merecem os companheiros caninos que possuem.

Mas, às vezes, aparece um humano que se iguala aos cães quanto à sensibilidade, cumplicidade e pureza no coração.

Esse é o caso do João.

Fui chamada para avaliar o comportamento de uma cachorrinha de 2 anos chamada Jade. Sua tutora estava muito preocupada com seu comportamento arredio com as pessoas e com seus latidos contínuos, que já estavam estressando demais seu marido.

Adotada pela segunda vez, foi rejeitada e maltratada pelas pessoas. Era quase previsível que tivesse alguma alteração comportamental. O marido da tutora não tinha paciência e, por várias vezes, gritou muito com ela e até bateu.

Já no início percebi que a relação familiar era conturbada. Pai, mãe e dois meninos. Ela, muito entristecida com o casamento, trabalhava fora, cuidava dos filhos e, agora, preocupava-se muito com a cachorrinha. Não queria doá-la de maneira alguma pelo amor que já tinha e por ela fazer tão bem aos seus filhos, em especial ao mais velho, João, de 12 anos.

Jade não me deixava chegar perto, muito menos tocá-la. Vi que seria uma longa jornada e que teria que ter mais do que paciência. Teria que ter muito amor no coração. Era do que ela mais precisava.

Os dias se passavam e eu não tinha muitos progressos com Jade. Até que em uma aula, a tutora me perguntou se seu filho podia ficar ali, pois ele tinha muita curiosidade em saber como era um treinamento.

Fiquei um pouco reticente, pois não gosto de trabalhar com crianças por perto. Elas distraem demais a atenção do cão e a minha concentração. Mas acabei concordando, nem sei o motivo.

João sentou-se quieto e só ficou observando. Não fez barulho e não interferiu em nada. Em um dado momento, fez-me uma pergunta referente à técnica que eu usava. Ele percebeu que eu usava o clicker quando buscava um determinado comportamento da Jade e que, em seguida, recompensava-a. Também percebeu que ela não permitia que eu chegasse perto e, portanto, a recompensa era feita a longa distância.

Perguntei se ele conseguia chegar perto dela e sua mãe interrompeu, dizendo que o João era o único que a Jade deixava que a tocasse, inclusive, aceitando seu carinho.

Foi, então, que comecei a perceber melhor o João. Ele era um garoto tranquilo e centrado. Emanava uma energia linda e uma calma que me contagiava.

Na aula seguinte fiz questão que ele estivesse presente. Perguntei se queria tentar fazer o mesmo exercício da aula anterior. Seus olhos brilharam. A cada passo do exercício me perguntava se estava correto e queria saber os porquês.

Foi com espanto que vi o desenvolvimento da Jade naquela aula. E pelas mãos de um garoto de 12 anos! Ele a entendia e respeitava seus limites. Dominou o clicker rapidamente e os dois pareciam dançar uma valsa juntos, de tanta harmonia que apresentavam!

Com o passar do tempo, conversei muito coma mãe a respeito dos problemas da família, que não eram poucos. E não foi com surpresa que a ouvi dizer que o equilíbrio da família era feito por aquele garoto de 12 anos. Centrado, fazia de tudo para que os ânimos não se exaltassem. Fazia tudo com serenidade.

Mas era exigir muito de um garoto que nem havia chegado à adolescência!

Foi quando passei a observar que tudo nele mostrava evolução. João era um espírito muito evoluído e tudo aquilo que estava vivendo era mais um aprendizado e jamais se transformaria em trauma. Era, realmente, um espírito de luz.

Fiz todo o treinamento da Jade junto com o João. Eu me encantava com a maneira como ele a percebia. Sua sensibilidade com os cães era impressionante. Aprendi muito com aquela criança.

Conseguimos uma transformação total da Jade. Com certeza, não foi só com as técnicas que empreguei, mas, principalmente, com o amor e a luz de um garoto de 12 anos.

Durante o treinamento, escrevi um texto para ele em minha página do Facebook:

"Este garoto chama-se João e esta é sua cachorra, a Jade. Ela tem um problema comportamental bem complicado, fazendo até mesmo com que eu não consiga me aproximar. Mas é o João que está me ajudando. Sua energia, sua sensibilidade, sua paciência e sua dedicação é o que está fazendo a diferença. Nem o melhor e mais preparado adestrador do mundo pode, só com sua técnica, resolver todos os problemas. Sem o amor e o coração de pessoas como o João, nunca seremos adestradores completos".

Na última aula me emocionei muito. Não só por ver que a Jade estava feliz, mas também por saber que daquele dia em diante não veria mais o João. A vida é atribulada e os caminhos tendem a se separar.

Depois de um longo abraço, disse ao João que ele poderia ser qualquer coisa que quisesse na vida, pois ele tinha uma coisa fundamental: coração.

Sua bondade, resiliência e amor podem transformar não só os animais, mas as pessoas também. Amor gera amor. Assim como sua luz iluminou meus dias, ela iluminará os seus caminhos durante toda a sua trajetória neste planeta que chamamos de casa.

COMPREENDENDO A LINGUAGEM CANINA

Os cães tem uma capacidade extraordinária de ler nossas emoções, mas a pergunta a ser respondida é: e nós, seres humanos, somos capazes de ler as emoções dos cães?

Os cães possuem uma complexa linguagem corporal e vocal. Para quem não os observa, não percebe as sutilezas da linguagem. Eles usam esses sinais para demonstrar quando estão com medo, ansiosos, alegres, quando querem brincar etc. Eles utilizam todo o corpo como sinal: rabo, focinho, orelhas, postura corporal e tipos diferentes de latidos.

Quando um cão encontra outro cão e não tem certeza de suas reais intenções, ele imediatamente utiliza sinais com seu corpo para apaziguar o outro, por exemplo:

- Abaixando e curvando o corpo.

- Desviando o olhar para o lado.

- Erguendo uma das patas.

- Lambendo os lábios.

- Cheirando o chão.

Esses são apenas alguns dos sinais que mostram ao outro cão que ele não quer briga, quer apenas uma aproximação pacífica.

Os cães também usam a linguagem de vocalização, expressão corporal, gestos, olhar e observação com os seres humanos[17].

Um exemplo muito comum é quando estamos dando uma bronca em nosso cão e ele começa a lamber os lábios. É como se nos dissesse: "Calma, não fique zangado". A esse tipo de linguagem chamamos de linguagem de apaziguamento.

Um cão socialmente experiente, recebendo esses sinais de outro cão, vai entendê-los de apaziguamento e retribuir com sinais apropriados. Porém pode acontecer de outros cães que não tiveram uma socialização adequada não entenderem e tirarem proveito dessa deferência, tentando controlar ou agredir. É nesse momento que, normalmente, ocorrem as brigas.

Quando um cão está sob tensão ou em uma situação desagradável, seja com outro cachorro ou com pessoas, eles comumente

---

[17] PARISOTO, W. *A arte de ensinar seu cachorro*. São Paulo: Delicatta, 2019.

HISTÓRIAS DE UMA ADESTRADORA

utilizam seu corpo como forma de distração, como bocejar, lamber-se sem razão aparente ou até mesmo espirrar.

Outros sinais que todos devemos observar nos cães:

- Congelamento do corpo:o cão congela até que a ameaça desapareca ou ele decida usar a luta ou a fuga.

- Virar a cabeça: o cão vai virar a cabeça longe de uma fonte de medo como um gesto de apaziguamento.

- Cenho franzido, sobrancelhas curvadas:causada por tensão facial.

- Mandíbula tensa: a boca está fechada, o cão está se preparando para a ação.

- Cauda baixa: indica desconforto e incerteza.

- Boca seca e ofegante: o nervosismo reduz a produção de saliva.

- Agitando a cauda:causada pela liberação de adrenalina.

- Babando: o estresse também pode causar salivação excessiva.

- Falta de foco: um cão ansioso tem aprendizagem difícil.

- Patas suadas: cães suam pelas almofadas dos pés.

- Arrepio do pelo: o pelo no pescoço e coluna vertebral de um cão fica arrepiado, fazendo com que o cão pareça maior; também liberam o odor das glândulas contidas nos folículos pilosos do cão.

- Cauda abanando: novamente, uma cauda abanando nem sempre significa um cão feliz. Ele pode estar avisando que está nervoso e que pode atacar.

- Boca ligeiramente aberta, língua relaxada e pendendo para um lado e tocando com a pata: este é um sinal convidando o outro cão a brincar[18].

Os sinais e posturas corporais são tantas que são objetos de pesquisas científicas. A cada dia descobre-se mais sobre esse complexo linguajar dos caninos.

---

[18] Disponível em: www.matilhapositiva.com.br/linguagem-corporal/. Acesso em: 20 dez. 2019.

Muitas coisas já podemos entender se observarmos bem nossos cãezinhos. Quanto maior a ligação afetiva entre o dono e seu cão, mais evidentes ficarão esses sinais e, assim, a harmonia entre eles e nós só tende a aumentar.

A FERRARI

8

Meu primeiro contato com cães de proteção foi em um curso com Tomás Szpigel.

Sempre que assistia a vídeos de militares trabalhando em operações especiais com cães meu coração disparava.

—Nossa! Imagina como é treinar um cão assim! – falei, suspirando.

—O Tomás vai dar um curso básico sobre cães de proteção –disse Giovani.

Meu amigo e também adestrador Giovani, sabendo da minha admiração por esse trabalho, passou a me incentivar a fazer o curso.

—Vai lá e mata sua curiosidade. O que pode acontecer é você achar que não é trabalho para você, ou então se apaixonar de vez – falou, rindo alto.

Fiz o curso e...me apaixonei.

Tomás é o tipo de adestrador que você tem que ouvir com toda reverência e respeito, pois como ele mesmo diz, já fez de tudo em adestramento, já foi desde "puxador de pescoço", esportista, até ser (ainda hoje) um positivista convicto.

Foi o início de um caso de amor com os cães de trabalho.

Tomás apresentou seu Doberman Fizban trabalhando e como era dócil no dia a dia. Ele mostrou como fazer o treinamento básico de proteção de uma maneira não agressiva, o que me encantou. Era possível treinar um cão para uma finalidade tão importante, como proteger seu condutor, de maneira positiva, sem utilizar agressão.

Depois desse curso fiz dezenas de outros. Alguns cujos treinadores utilizavam métodos mais antigos, utilizando a força, e outros não. Isso contribuiu sobremaneira para a formação de minhas convicções quanto à melhor maneira de treinar um cão com essa aptidão.

Foi em um desses cursos que conheci um dos meus parceiros de negócios, Cristiano.

—Já está na hora de você ter sua Ferrari – falou Cris, de maneira quase casual.

—Que Ferrari? – perguntei sem entender.

—A Ferrari dos cães de proteção...

Meus olhos arregalaram

—Você tá falando de um Pastor Belga Malinois? – perguntei, espantada.

—Óbvio...

—Capaz! Não tenho experiência.

—Como não tem? – disse Cris, engrossando a voz.

—Quer que eu jogue mais alguns confetes em você? Tá carente, é?

Cris tinha três Cane Corso. São cães de guarda por excelência e o ajudei várias vezes nos treinamentos. Mas ter um Malinois era totalmente diferente. E era meu sonho. A intensidade desse cão, sua inteligência, agilidade e a necessidade de constantes exercícios de obediência e de trabalho propriamente dito eram o que me assustava.

—Será que dou conta, Cris?

Com um sorriso de quem sabia o que estava falando, meu parceiro respondeu da maneira mais inusitada:

—Se não tivesse e não fosse capaz, você não seria minha parceira. Já treinamos vários cães para guarda residencial e já começamos alguns para proteção pessoal. Como não tem experiência?

Esse era o jeito de ele dizer: "Sim! Você está pronta!".

Pelo Tomás conheci um bom criador de Malinois, que estava com uma ninhada recém-nascida. Era agora ou nunca.

—Acir, você ainda tem fêmeas disponíveis?

—Sim. Para que exatamente você quer?

—Quero uma fêmea para proteção pessoal. Eu e meu parceiro é que vamos treinar.

—Certo. Tenho uma perfeita para você.

O bom criador de cães de trabalho direcionam os filhotes certos para as funções certas.

Nesse momento meu coração disparou. Eu estava concretizando um sonho.

Com dois meses e meio fui buscá-la. O nome já estava escolhido: Cher. Uma pequena homenagem a uma grande cantora e atriz da minha época.

Sabe quando uma mãe de primeira viagem chega com seu bebê do hospital e, de repente, diz para si mesma: "E agora? O que eu faço com isso?!".

A sensação foi mais ou menos assim.

Sim. Eu era uma adestradora experiente e exatamente por isso sabia que meus conhecimentos seriam colocados à prova com aquela Malinois.

E assim foi. Cresci muito. Acertei mais do que errei. Hoje, digo sem falsa modéstia, que mudei de patamar como profissional.

Cher é uma cachorra que já me salvou de algumas situações perigosas. É extremamente obediente e, ao mesmo tempo, muito dócil e companheira. Como todo cão de trabalho, ela necessita de treinos constantes, não só para a manutenção do que foi aprendido, mas, também, porque ela necessita disso. Está no seu DNA – e nos outros cães de guarda – a necessidade de exercer essa função. Ela adora o que faz, por isso é uma cachorra equilibrada.

Todo cão de trabalho precisa exercer sua função. Faz parte de sua essência. Ao adquirir um cão de trabalho reflita se poderá atender às suas necessidades mais específicas.

Quando fazemos isso, um mundo de possibilidades se abre. Teremos um companheiro equilibrado para dividir todos os momentos e isso, meus amigos, é um privilégio de poucos.

UM CASO DE AMOR

Fui chamada para avaliar um Pastor Alemão macho de aproximadamente 1 ano.

Seu tutor, Marcos, queria obediência básica.

—Oi, Kelen. Muito prazer. Como vai?

Marcos era um homem muito educado e carismático. Gostei dele assim que o vi.

—Vou buscar o Shadow – disse, ansioso.

—Ok. Espero aqui.

Enquanto esperava fiquei olhando para o tamanho do quintal, os portões, onde estavam as portas de entrada. É mania de adestrador observar o local para verificar onde o animal vive.

Outra porta se abriu e me virei para ver o Pastor que estava chegando pelas mãos de seu tutor.

Devo ter feito cara de espanto.

Era o maior Pastor Alemão que eu já tinha visto. Um lindo Pastor Cinza.

—Ele nunca mordeu ninguém. É bonzinho demais – falou Marcos, com certo ar de decepção.

—Que idade você disse que ele tem, Marcos?

—Fez 1 ano agora.

—Certo. E por que só agora você resolveu adestrar?

Um olhar entristecido tomou conta dele.

—Na verdade, Kelen, nós já tentamos, mas o outro adestrador disse que ele é meio limitado. Não conseguiu nem fazer ele se sentar.

—Como assim, limitado? – falei, meio incrédula.

—O rapaz veio algumas vezes e realmente tentou, mas o Shadow nem ligava para ele. Daí o adestrador desistiu.

Meio constrangido, Marcos continuou:

—Qualquer coisa que você conseguir com ele já ficaremos satisfeitos. Sentar para esperar e não sair pelo portão.

—Sei...– respondi, mas queria mais informações.

—Vocês têm mais cães, né?

—Temos. Como sabe?

—Estava observando seu quintal...

—Temos mais quatro Pastores Belga.

—Quatro?!

Dessa vez não escondi o espanto.

—Sim. Dois machos e duas fêmeas. São todos calmos.

Já estava traçando um perfil do tutor. Marcos adorava cães de raça e, com certeza, estava um pouco decepcionado com aquele Pastor Cinza, pois esperava mais dele.

—Posso vê-los? – perguntei.

—Pode, claro!

Marcos me levou à parte de trás da casa e, todo orgulhoso, mostrou-me os outros cães.

Observei que nenhum deles ficava preso. Todos eram lindos, bem cuidados e dóceis.

Você utiliza aquele canil? – perguntei.

—Não. Muito raramente, na verdade. Não gostamos de canil. Cachorro tem que ficar solto.

Com aquela frase ele já estava me ganhando.

—Eles são adestrados?

—Não. Na época não achava necessário. Hoje, penso diferente.

—Pelo jeito você adora cães. São seus primeiros?

Queria saber mais sobre aquele homem.

Então ele me contou todos os cães que tivera desde criança e como sua relação com eles mudou para melhor com o tempo.

HISTÓRIAS DE UMA ADESTRADORA

Nesse instante, chegou sua esposa.

Valéria era uma mulher com uma energia que não cabia nela. Era o tipo de pessoa que preenchia qualquer lugar em que estivesse.

—Kelen, esta é minha esposa, Valéria.

Gostei dela assim que a vi. Coisas de empatia.

—Então, o Shadow tem jeito? – perguntou diretamente, como era o seu jeito de ser,como descobri posteriormente.

—Ainda estamos conversando. Nem mexi nele ainda – respondi.

Conversamos mais algum tempo, até que resolvi interagir com aquele garotão.

—Marcos, separe os outros cães e deixe só o Shadow aqui.

Peguei um pouco de ração e o chamei. Ele só olhou para mim e faltou mostrar o dedo do meio...

Joguei uma bolinha e ele me olhou desconfiado.

—Vou ter que apelar – disse, sorrindo, para tranquilizá-los.

Peguei o petisco mais saboroso que tinha na mochila. Deixei-o cheirar, joguei um pedaço entre suas patas e saí de perto. Ele precisava de um tempo.

Bingo! Deu certo. Ele comeu e gostou.

Voltei até ele, deixei um pedaço menor e saí novamente. Assim que me virei, ele comeu.

Marcos me perguntou, curioso:

—Por que ele só pega quando você se afasta?

—Porque ele não confia em mim. Está desconfiado. Quando eu deixei de lhe causar desconforto, ele experimentou e gostou. Veja isso agora.

Sentei-me próximo a ele e fui jogando pedaços pequenos do petisco. Jogando cada vez mais perto de mim ele foi se aproximando. Finalmente, comeu da minha mão.

Então levantei e, com outro pedaço, eu o fiz sentar para ganhar. Repeti esse procedimento mais algumas vezes, mas agora utilizando o clicker.

Kelen Sbolli

Pronto. Shadow já sabia que, com um gesto, ele teria que se sentar para ganhar o petisco.

Eu deveria ter fotografado a cara de espanto do Marcos.

—O outro adestrador nunca conseguiu fazer isso!

—Pois é. Eu acho que o limitado não era o Shadow – falei, rindo alto.

—Marcos, o Shadow é um pouco desconfiado, mas quando ele confia na pessoa fica fácil de trabalhar com ele.

—Então ele tem jeito? – perguntou, cheio de esperanças.

—Claro que sim! Ele é esperto e vai aprender fácil. Não se preocupe.

Shadow mostrou, no decorrer das aulas, ser um cachorro maravilhoso, muito esperto, mas muito mesmo. Comecei a ensinar até mais coisas do que havíamos combinado. Descobri também que ele adorava bolas. Mas não as pequenas bolas que havia oferecido. Bolas de futebol. Para o tamanho daquela boca, só bola de futebol é que tinha graça para ele.

Um dia, durante um treinamento, um rapaz se aproximou do portão para deixar um encarte e Shadow saiu em disparada para o portão, latindo como nunca tinha ouvido. O rapaz levou um susto tão grande que deixou cair o encarte e saiu correndo.

—Hummm... Interessante – falei em voz alta.

Comecei a fazer uns testes com ele, mas sem falar nada para os tutores, para não causar nenhuma expectativa.

Minha intuição estava certa. Shadow tinha a aptidão necessária para fazer uma excelente guarda.

—Marcos, você já pensou em treinar o Shadow para guarda residencial?

O rosto dele se iluminou.

—Você acha que ele serve para guarda?

—Tenho certeza que sim.

—É muito caro, Kelen?

—Caro é ter sua casa assaltada – disse, pausadamente.

—Vou trazer meu parceiro para vê-lo também e daí conversamos sobre valores.

Quando começamos a fazer o treino para guarda, aquele Pastor se transformou. É como se um botão tivesse sido ligado. E sem volta.

Quando eu chegava para os treinos os olhos dele brilhavam e era como se ele dissesse: "Vamos, vamos! Tô esperando!".

Desde o começo envolvi Marcos no treinamento. Primeiro, porque é necessário que saiba o que fazer e como controlar o cão. Segundo, porque Marcos adorava isso. Queria aprender tudo sobre guarda, teoria e prática. Seguia a risca todas as nossas orientações e era muito prazeroso trabalhar com ele.

Um dia, eu e Cris estávamos lá para um dos últimos treinamentos e Shadow foi simplesmente fantástico.

—Quantos anos ele tem mesmo? – Cris perguntou, com um ar pensativo.

—1 ano e 3 meses – respondi.

—O que você ensinou para ele depois de terminar a obediência básica?

—Obediência avançada – respondi.

—Sério? Aprendeu rápido!

—Cris... Você está pensando o que eu estou pensando?

—Estou...

Verifiquei o pedigree do Shadow e seus avós foram cães fantásticos. Isso explica parcialmente os altos drives dele.

—Mas Cris, ele tem quase 1 ano e meio. Será que consegue?

—Não sei, mas será um crime se não tentarmos – disse, dramaticamente.

—Tá. Vou falar com o Marcos. Vamos ver o que ele acha.

Separei alguns vídeos de cães de proteção. Na verdade, fiz uma apresentação bem legal.

—Marcos e Valéria, gostaria que vocês vissem algo.

Conforme o vídeo seguia pude perceber a empolgação do Marcos. Ele realmente gostava de ver cães trabalhando.

—Nossa, Kelen, esses cães são fantásticos mesmo – observou Valéria. – Mas por que está mostrando isso? – Também observou, meio curiosa.

—Vocês já pensaram em ter um cão assim? – falei.

—É um sonho, mas é uma fortuna, então nem tente – Marcos falou, rindo.

—Então... Vocês já têm um – respondi, criando certa expectativa.

—Shadow?

—Sim, Marcos. Fizemos vários testes com ele, e ao longo desses meses de trabalho verifiquei que ele tem um potencial fabuloso para proteção pessoal. Antes que me perguntem, eu sei que ele tem quase 1 ano e meio e levamos isso em consideração. Na verdade, não sabemos até onde ele pode chegar, mas será um pecado desperdiçar tanto talento. Serão mais alguns meses de treino específico e simulações. Pensem e me falem.

Quando queremos um cão para proteção pessoal escolhemos na ninhada. O criador faz alguns testes, mas é sua experiência que determina quais cães têm potencial para guarda, para multifunção ou apenas para pet.

Shadow foi um achado.

Depois de muitos meses de treinamento, Shadow fez seu primeiro trabalho real, salvando Marcos de um assalto certo no carro. E fez isso outras duas vezes.

Eu e aquele garoto estabelecemos uma ligação muito forte. Assim como com sua família.

Uma amizade eterna com essa família surgiu quase por acaso. Esse é só um dos bônus de se trabalhar com cães: fazer amigos.

CÃES DE PROTEÇÃO

Cães de guarda são cães que têm a função de proteger pessoas, residências, empresas etc. Podem ser cães de guarda residencial ou guarda pessoal.

Mas, infelizmente, muitas pessoas confundem guarda com agressão. Isso pode ser extremamente perigoso. Um cão agressivo vai da caça ao ataque em segundos, não atendendo ao comando de ninguém.

Todos os anos, centenas de pessoas são mordidas por "cães de guarda" agressivos, que foram escolhidos por seus donos por apresentarem um fator de intimidação, e não por seu caráter, sociabilidade, inteligência e capacidade de obediência irrestrita. Nada mais errôneo que isso.

Para que um cão possa ser treinado para guarda ele deve, primeiro,ser de uma raça de guarda. Por exemplo:

- Pastor Alemão.

- Pastor Belga Malinois.

- Rotweiller.

- Doberman.

- Cane Corso.

- Fila.

- Akita etc.

E, segundo, ter características e temperamento para essa função. Não basta ser de uma raça de guarda. Ele, como indivíduo, deve apresentar os impulsos necessários para exercer essa atividade.

Em uma ninhada de pastor alemão, por exemplo, nem sempre todos os filhotes terão aptidão para guarda. Ao contrário, talvez só a metade tenha. Essa percentagem aumenta quando o criador faz um trabalho sério de seleção da linhagem. Por isso a importância de se adquirir de um canil especializado.

Quais características um cão de guarda deve ter?

- Temperamento equilibrado. Não pode ser agressivo, nem passivo.

- Ser alerta.

- Gostar dos treinamentos.

- Ter autoconfiança.

- Ter drive de caça (é o impulso natural de perseguir e capturar as presas. A sequência natural é: buscar, perseguir e morder).

- Ter drive de defesa (é o impulso natural de proteger seu território, seu dono ou a si próprio).

- Desenvolver drive de luta (é um impulso que se cria a partir do desenvolvimento dos drives de caça e defesa. Ou seja, ele luta com a vontade da caça e a intensidade da defesa. Isso aparece em decorrência de treinamento específico).

- Facilidade na obediência.

Quanto tempo leva para se treinar um cão de guarda?

Se for para guarda residencial ou patrimonial, o cão, primeiramente, deve ser avaliado para ver se ele possui as características necessárias para a guarda. Ele deve ter mais ou menos 10 meses de idade (dependendo da sua maturidade) e seu treinamento dura aproximadamente três meses, dependendo do seu desenvolvimento. O treinamento deve ser realizado preferencialmente no próprio local que irá proteger.

Para guarda pessoal, o mesmo procedimento se repete na escolha do cão e suas características. O treinamento é mais complexo. Começa no nascimento, com processos de ambientação; posteriormente, socialização e obediência básica e avançada. Sua duração é de dois anos devido à especificidade da função exercida por ele. O dono ficará seguro com seu cão em qualquer lugar ou situação que esteja.

Esses cães devem receber treinamento específico e especializado para desempenhar essa função. São extremamente e exaustivamente treinados para esse fim.

Um cão treinado para guarda residencial ou patrimonial irá atacar apenas quando seu território for invadido e irá soltar o invasor sob comando. Um cão treinado para guarda pessoal irá atacar quando seu tutor lhe der o comando ou quando este for atacado repentinamente.

São animais que executam seu trabalho mais eficazmente que qualquer outro. São cães obedientes, controláveis, sociáveis e mansos, quando não provocados. Tudo isso devido a muito treinamento!

Uma pesquisa feita pela polícia norte-americana com agressores sexuais e assaltantes condenados mostrou que as medidas mais eficazes para dissuadi-los de suas ações foram os cães de segurança. As razões para isso foram:

- Os cães dão o alarme antes de qualquer sistema de segurança.

- Os cães não hesitam e não se sentem intimidados pelos criminosos.

Portanto deve-se ter em mente que cães para guarda têm características específicas, que devem ser trabalhadas por um profissional.

Instigar seu cão a morder, rosnar ou latir para as pessoas não o torna um cão de guarda. Ao contrário, isso o fará um cão imprevisível e sem controle e que, a qualquer momento, pode causar graves danos ao dono e a pessoas vulneráveis, como crianças e idosos.

10

UM GRITO PARA A LIBERDADE

Todo treinador de cães tem que saber valorizar-se e valorizar a profissão, cobrando de maneira adequada seu trabalho. Mas tão importante quanto isso é utilizar seu conhecimento para um trabalho social.

Quando Genilda me procurou foi bem sincera comigo.

—Kelen, estou desesperada. Tenho um Pitbull muito agressivo. Temos ele desde bebê, quando o adotamos, mas agora ele quer morder a família toda. Temos muito medo dele! Amo muito ele e não queria doar. Mas vou ser sincera. Não tenho dinheiro para te pagar. Trabalho como diarista e o dinheiro é "contadinho".

Essa foi a primeira conversa que tivemos ao telefone.

Quando escuto a frase "Vamos ter que doá-lo" me causa uma profunda angústia, pelo destino do cão, obviamente.

—Depois falamos sobre valores, Genilda. Primeiro, preciso fazer uma avaliação dele.

Quando cheguei a casa, vi um pequeno quintal e, do lado esquerdo, um cabo de aço que percorria toda a extensão lateral. Preso a esse cabo de aço estava o Thor. Quando me viu, veio correndo e babando de tanto latir. Como eu estava a uma distância segura, ele sofreu um tranco no pescoço ao tentar me alcançar. Fiquei muito triste.

—Genilda, qual a idade dele?

—3 anos

—E há quanto tempo ele está nesse cabo?

—Há dois anos...

Como? Dois anos? Esse povo enlouqueceu?

—Como assim dois anos? Com um ano ele já estava agressivo?

—Não. Na verdade, ele pulava e fugia muito, então resolvemos prender. Mas ele tem espaço para correr porque o cabo é grande.

Ela realmente acreditava no que estava dizendo. No conceito dela, o cachorro deveria ficar feliz porque conseguia correr e não estar em uma corrente de um metro. Esse era seu conceito de liberdade.

Sem rodeios, como a ocasião exigia, disse:

—O Thor tem estresse crônico! É lógico que ele quer morder. Se fosse eu, já teria matado vocês!

A família riu, embora minha intenção não fosse fazer graça...

—Vejam, vocês passaram a não chegar mais perto dele, então ele não brinca, não tem passeios, não tem interação com nada, e isso o tornou um cão agressivo, revoltado! Não sei se vou conseguir alguma coisa com ele.

Uma tristeza caiu no olhar de Genilda. Ela realmente gostava dele. Do jeito dela.

—Eu vou tentar. No decorrer dos treinos é que verei o quanto ele pode progredir. Mas vou ser sincera. Estou fazendo isso por ele, não por vocês.

Então Genilda mudou o foco.

—E quanto isso vai custar.

Olhando ao redor, vi que realmente eles não tinham condições de pagar um treinamento daquele nível de complexidade.

—Genilda, vocês têm que assumir parte da responsabilidade. Vou querer duas coisas de vocês. A primeira é que participem de todas as aulas.

—E a segunda? – perguntou o filho mais velho, já pensando que não teriam dinheiro.

—A segunda condição, Felipe, é que vocês me paguem a gasolina somente.

HISTÓRIAS DE UMA ADESTRADORA

Mesmo que seja simbólico, é necessário que a família ou o tutor valorizem o que está sendo feito. Assim, eles se sentem também valorizados e corresponsáveis pelo treinamento.

Tudo combinado. Fiquei de voltar no dia seguinte com o equipamento adequado.

Minha intensão era vestir o bite completo (roupa de proteção que usamos para treinar cães de guarda), soltá-lo e deixá-lo à vontade, até para me morder, se quisesse. Aos poucos, mas bem aos poucos, ganharia a confiança dele com vina (a salsicha dos curitibanos) ou frango. Não podia ter pressa. Isso poderia levar meses, mas eu estava seriamente empenhada em melhorar a vida daquele cachorro.

—Ok, pessoal! Vou vestir esta roupa. Ela é bem pesada e resistente. Podem ver e tocar.

A primeira vez que as pessoas veem um bite ficam espantados porque realmente é pesada e a gente parece um astronauta desengonçado.

—Depois que eu vestir, quero todos para dentro de casa, mas deixem a porta entreaberta caso eu precise correr. Felipe, você que ainda consegue chegar perto dele. Solte-o e vá para dentro. Podem olhar pela janela sem problema. Não se preocupem. Ele vai tentar me morder, mas eu não sentirei nada porque esta roupa me protege. Depois, deixem comigo.

Todos obedeceram à risca. A família toda na janela, olhando e esperando pelo inevitável.

Felipe soltou o Thor e correu para dentro de casa. Eu estava a uns cinco metros de distância esperando o impacto de um Pitbull...

Thor se aproximou daquela coisa esquisita, que era eu, cheirou, levantou a pata, fez xixi na minha perna e... saiu correndo pelo quintal feito louco!!!

Parecia uma criança chegando à praia pela primeira vez e vendo todo aquele espaço!

Ele corria como o bebezão que fora até completar 1 ano!

Olhei para a janela e todos estavam com ar de espanto. Observei toda aquela cena surreal. A família em um bunker, eu vestida de astronauta e o Thor correndo pelo quintal, brincando com tudo que encontrava pela frente.

Senti-me uma idiota e soltei uma gargalhada.

—Essa é a fera que quer matar vocês? – perguntei, rindo.

Peguei meu pacote de vinas e comecei a jogar alguns pedaços para ele. Obviamente, gostou. Fiz isso por uns 20 minutos. Depois, tirei a parte de cima do bite, pois percebi que não havia tanto perigo, mas mantive a parte de baixo e a manga por perto (material avulso que protege o braço).

Depois de mais um tempo, tirei todo o bite, mas coloquei a manga para qualquer emergência.

Então o deixei brincando e entrei para conversar com a família.

—Vocês entenderam qual o motivo da agressividade dele? Ele não é um cachorro mau, não tem problema neurológico e não tem nenhum trauma de nascença. O trauma dele foi vocês que fizeram.

Dava para sentir o peso da culpa dentro da casa. Então tirei um pouco a pressão.

—Tudo bem. Vocês fizeram o que entenderam ser correto no momento. Todo mundo erra. Mas agora temos que tentar reparar esse dano com a consciência de que, talvez, ele não se recupere totalmente.

Foi então que a inevitável pergunta foi feita:

—Mas não é só deixar ele solto? Ele não te mordeu. Só queria brincar – disse Genilda.

—Esse comportamento dele me deixou bem feliz, Genilda, é verdade. Mas um trauma não se dissolve em apenas uma hora. Ele passou dois anos acorrentado. Ele terá medo quando um de vocês for colocar uma guia para passear, quando chamá-lo para entrar na casinha ao chegar uma visita ou até mesmo quando fizerem um movimento brusco aleatório em direção a ele. E esse medo se transformará em agressão. Ele não quer voltar a ficar acorrentado. Entendeu? Temos muito trabalho pela frente.

Se ele me mordeu durante os treinos? Sim. Thor me mordeu.E isso só mostrou que eu estava certa e deixou a família em alerta. Há males que vêm para bem.

Foi em um dos treinamentos com bolinha. Thor amava bolinhas. Ensinei todos os comandos só com ela. Mas já havia observado que, com o passar do tempo, ele ficava um tanto possessivo em relação a algum objeto ou a algum lugar do quintal que escolhia para deitar.

Sempre usava duas bolinhas com ele. Quando ele acertava o comando jogava uma delas; depois, pedia outro comando e jogava a outra bola, enquanto recolhia a primeira.

Ele já confiava bastante em mim. Deixava-me colocar e retirar a guia, sem ficar com medo que o prendesse.

Um dia, treinava um determinado comando, quando joguei a bolinha para ele e me encaminhei para pegar a outra. Porém a segunda bola estava muito perto dele. Pelo menos na opinião dele...

Ao me abaixar para pegá-la, ele pulou no meu braço e cravou os dentes.

Claro que me assustei. Claro que doeu. Mas mantive a calma. Como ele só segurou, desviei o olhar dele e disse para soltar. Ainda bem que esse comando eu já havia ensinado...

Isso serviu de lição a todos. Thor ficou com sequelas. Ele desenvolveu uma possessividade em relação a qualquer coisa de que gostasse. O medo de perder novamente o que tinha conquistado, fosse uma bola, uma comida ou a liberdade, ficou na mente dele.

Ele melhorou em relação a isso também, mas não ficou 100%, como era de se esperar.

Hoje, a família dele respeita seus limites e ele respeita todos os comandos que foram ensinados, porque tudo foi feito com muito amor e respeito, tanto por mim quanto por eles.

VAMOS FALAR SOBRE GUARDA RESPONSÁVEL?

Nunca devemos adquirir ou adotar um cão sem responder a algumas perguntas essenciais:

- Por que quero um cão? É para mim? Vou dar de presente? Quem vai receber realmente quer um cão? Todos na minha casa estão de acordo com um novo membro na família?

- Qual a raça ou o tipo de cão de abrigo que quero? Mas o que quero corresponde às minhas condições? Por exemplo, alguém sempre quis um São Bernardo, mas ganha um salário mínimo. Esse cão não terá condições de receber uma alimentação adequada devido ao seu tamanho, nem de cuidados veterinários inerentes à raça.

- Que tipo de personalidade tenho? Se sou uma pessoa mais pacata, que não gosta muito de exercícios, devo ter um cão que não necessite de grandes passeios ou muita atividade. Um Border Collie, por exemplo, é um cão que necessita de muita atividade, espaço e, principalmente, desafios mentais, ou seja, não é uma raça para uma pessoa mais quieta.

- Tenho condições de manter um cão? A média de vida de um cão é de mais ou menos 12 anos. Durante todo esse tempo ele necessitará de alimento de boa qualidade, cuidados veterinários periódicos, vacinas, vermífugos, adestramento etc., além de passeios diários, atenção e carinho.

- O cão é um animal de matilha e, principalmente, depois de sua domesticação ao longo dos milhares de anos em nossa presença, ele necessita estar próximo a nós. Nenhum cachorro nasceu para ficar jogado no quintal, vivendo a solidão.

- Cão acorrentado? Jamais! "Mas não tenho cerca no meu quintal, então ele pode fugir, por isso o mantenho acorrentado". Nesse caso, você tem duas opões. Primeira opção, cerque seu quintal. Segunda opção, não tenha cachorro.

- Quando envelhecer, ele se tornará um fardo para mim? Se a resposta for sim, por favor, não tenha nenhum animal. A velhice dos animais é muito parecida com a dos humanos. Demência, AVC, dores articulares, diabetes, câncer de todos os tipos, entre outras doenças. Nós, seres humanos, sabemos dizer onde dói e o que estamos sentindo, mas o cão não. Portanto nossa atenção tem que ser redobrada.

- A castração também faz parte da posse responsável, uma vez que evita doenças futuras, como a incidência de câncer de útero e mamas nas fêmeas e testículos nos machos, além de evitar o abandono de cães que tanto vemos pelas ruas. Falando nisso, os cães não devem dar "suas voltinhas" pelas ruas. O lugar deles é dentro do terreno da casa. Essas "voltinhas" podem matar seu cão por atropelamento, brigas ou doenças, que eles adquirem ou ainda serem acolhidos por outras pessoas achando que estão em estado de abandono.

- Punição física nunca foi e nunca será uma maneira de se educar. Além de ser um ato de extrema covardia, isso fará com que seu animal se torne medroso e/ou agressivo. Trate-o com respeito, da mesma maneira que você gosta de ser tratado. Se você acha que não tem paciência para educar respeitosamente um cão, é melhor não tê-lo.

Os animais são seres vivos que sentem fome, frio, medo etc., pelos quais somos responsáveis depois que os adquirimos e, portanto, temos que aceitar as consequências que seus atos provocam.

Se você concluir que realmente consegue ter um cão, posso te garantir que você terá um companheiro fiel, que estará ao seu lado em todos os momentos, que o amará incondicionalmente, que nunca o deixará mesmo que todos o façam. Ele te entende, te ama e te aceita da maneira como você é. Por isso, vale a pena dar o nosso melhor para eles.

CÃO ESTRESSADO, DONO INFELIZ

—Vita Canis Adestramento. Em que posso ajudar?

Assim atendi mais uma ligação cujo cliente procurava adestramento para sua Golden, que era muito agitada.

Cães agitados, bagunceiros, que pulam e mordem tudo. É muito comum os tutores se desesperarem diante desse tipo de situação. Ensinar boas maneiras ao cão é muito mais fácil do que ensinar aos tutores fazer o comando certo, da maneira certa e na hora certa. Normal. Faz parte do diaadia de qualquer treinador. Entretanto não foi exatamente o que encontrei na avaliação da Golden.

Era um condomínio grande, com casas espaçosas. Um bom lugar para qualquer cão. Até mesmo para um Golden.

A tutora, muito simpática, recebeu-me com uma expressão de alegria e alívio. Ao contrário de seu marido, que me pareceu um pouco arredio.

—Venha conhecer a Mel! Ela está aqui ao lado.

Sempre que faço uma avaliação, primeiro vou conhecer o cão e só depois converso mais detalhadamente com os tutores sobre ele, para não me deixar influenciar pelas narrativas.

Quando a tutora abriu o portão lateral, a Golden pulou sobre mim, quase me derrubando. E continuou pulando, pulando, pulando ao meu redor, mas sem me tocar. Parecia mais um canguru!

—Viu? Eu não disse que ela era assim? Não sei o que tem essa cachorra!

Depois de alguns minutos tentando acalmá-la é que comecei a observar o local.

Era um corredor de uns 10 metros de comprimento por uns dois de largura, e na metade tinha um buraco na parede, onde ela se abrigava, como um canil embutido na parede. No final desse corredor havia outro portão, que dava para um quintal com grama.

Antes que eu pudesse perguntar, Evelin já se justificou:

—Na grama não deixamos ir porque faz muito buraco e depois suja muito de barro por aqui.

Uma agonia começou a tomar conta de mim. Olhava o espaço e olhava a Golden, que parecia me suplicar pelo olhar.

Eles precisavam entender o que estavam fazendo, mas não dava para explicar só conversando.

Se fosse no começo da minha carreira, eu iria tentar argumentar e mostrar que eles estavam errados. Porém, depois de tanto tempo lidando com pessoas, aprendi que, às vezes, "entrar com os dois pés no peito" tem mais resultado.

Então fui me encaminhando para a saída, levando a Mel pela guia, enquanto falava algumas coisas aleatórias para distraí-los. Saí daquele corredor e fechei o portão com o cadeado.

Eu e Mel na liberdade e o casal preso.

—Vocês não conseguiriam ficar aí nesse corredor nem por uma hora – disse.

Eles me olharam assustados e não sabiam o que falar. Continuei falando:

—Vocês sabem o que estão fazendo com a Mel? Ela fica nesse espaço das 7 às 19 horas, quando vocês voltam para casa. Qualquer um enlouqueceria nesse lugar.

Mas as surpresas não acabaram ali.

—Vocês saem para passear com ela quando chegam?

Evelin respondeu quase como um sussurro:

—Não. Ela puxa demais a guia e a gente chega cansado.

—Mas brincam com ela pelo menos?

Evelin, fuzilando o marido pelo olhar, disse:

—Não. E também não deixamos ela entrar em casa porque o Maurício não gosta de cachorro lá dentro.

HISTÓRIAS DE UMA ADESTRADORA

Entrei com a Mel no corredor novamente, juntando-me a eles.

—Quer um conselho, Evelin? Doe sua cachorra. Se você realmente a ama, doe para quem consiga cuidar dela.

Nesse momento, ela desabou e começou a chorar.

—Eu nunca quis o mal dela. Não sabia que estava fazendo tanto mal!

—Por que você quis um cachorro? E especificamente um Golden?

Timidamente, ela respondeu:

—Porque sempre quis ter um cachorro e nunca pude. Minha família nunca gostou.

—Pergunto novamente: e por que um Golden?

—Porque achei bonito – respondeu.

Nesse instante, o marido deixou a sua inércia e falou:

—Eu avisei que era um cachorro muito grande!

—E por que você concordou, Maurício? – questionei, de maneira firme.

Direto no peito.

Agora que eu já havia dado um choque de realidade, estava na hora de aliviar...mas só um pouco.

—A Mel não tem espaço, fica sozinha o dia inteiro, com o agravante que a empregada detesta cachorros. Ela não sai para passear, não brinca e vocês ainda querem que ela seja calma? Vocês têm sorte de que ela ainda gosta de vocês. Não sei por que, mas gosta.

—Não quero perder a Mel. Eu amo muito – disse Evelin, emocionada.

—Então vocês vão ter que seguir minha cartilha à risca. Antes de começar o treinamento quero que a deixem todo dia em uma creche por duas semanas. Só depois começo o treinamento, do qual, obrigatoriamente, vocês dois têm que participar.

E assim foi. Dei uma assistência inicial para o pessoal da creche, explicando o caso e pedindo que gastassem o máximo de energia possível dela.

Foram alguns meses de treinos e eles se empenharam surpreendentemente.

Dessa vez, o nocauteado saiu ganhando...

NOSSOS CÃES ESTÃO ESTRESSADOS?

Os cães têm estresse? Mas esse não é o mal do século para os seres humanos? Com certeza é. Porém os cães estão sendo muito afetados por esse mesmo mal.

Mas o que é exatamente o estresse?

Didaticamente, nós podemos definir o estresse como a soma de respostas físicas e mentais causadas por determinados estímulos externos (agentes estressores) e que permitem ao indivíduo (humano ou animal) superar determinadas exigências do meio ambiente.

É uma reação instintiva de "luta ou fuga". Em situações de emergência, o organismo se prepara para lutar ou fugir. Esse tipo de reação foi observado em animais e em humanos. Por exemplo, quando nossos ancestrais se deparavam com situações de perigo, como o encontro inesperado com um animal, precisavam defender-se, atacando ou fugindo.

As duas reações demandam uma série de ajustes químicos do corpo, como a aceleração do batimento cardíaco, para que mais sangue corra para os músculos, que precisam receber mais energia. Há também um aumento da respiração para oxigenar melhor as células, e da pressão arterial, entre outras coisas.

Contudo, depois de toda essa tensão, deve se seguir um estado de relaxamento, pois apenas com descanso suficiente o organismo é capaz de voltar ao seu equilíbrio. Se o indivíduo continuar exposto aos agentes estressores permanentemente, seu organismo não poderá retornar ao estágio de relaxamento inicial, o que, em longo prazo, pode gerar problemas de saúde, tanto físico como psicológico.

O quanto uma situação pode ser estressante varia muito de pessoa a pessoa, de como cada uma lida com ela. Qualquer mudança pode ser um agente estressor, como o nascimento de um filho, mudança de emprego, mudança de casa, morte de parente, dificuldade financeira, trânsito etc. Quando nosso estado estressante

HISTÓRIAS DE UMA ADESTRADORA

permanece, passamos a ter dificuldade de memória e concentração, irritação, ansiedade, depressão, taquicardia, insônia etc.

Basicamente, existem duas maneiras de diminuir o estresse: aumentando nossa resistência ao agente estressor e mudando nossa maneira de lidar com ele. Fazer exercícios físicos, relaxamento, meditação, alimentação adequada, sono adequado, lazer, entre infinitas outras coisas.

Tudo certo, mas onde entram os cães nisso tudo?

Os cães, como os humanos, têm emoções e necessidades particulares. Quando essas necessidades não são supridas dia após dia, anos após anos, o cão também chega a um estado estressante crônico.

O que pode causar estresse nos cães?

Várias são as causas, dependendo das necessidades de cada raça e de cada indivíduo em particular, tal como acontece com os seres humanos. Mas as mais comuns são:

1. Falta de exercício físico.

Não importa o tamanho, raça ou idade, todos os cachorros precisam de atividade física. Se ficarem apenas dentro de casa ou no quintal, sem possibilidade de correr, farejar, sentir a textura da grama, da terra, eles podem ter atitudes destrutivas. Além disso, assim como os humanos, praticar exercícios libera substâncias químicas importantes para o funcionamento do organismo, evita atrofia muscular e os deixa com mais saúde.

2. Falta de espaço.

Está intimamente ligado ao item anterior. O cão que não tem espaço suficiente não poderá ter o mínimo de exercícios, além de ser uma cruel tortura mental, pois é uma prisão,deonde ele não pode, por si mesmo, sair.

3.Tédio e solidão.

Cães que são deixados em locais "áridos", sem nenhum brinquedo ou estímulo visual ou mental, sem nenhum enriquecimento ambiental, pode facilmente entrar num estado estressante profundo.

Da mesma forma, cães que são deixados muito tempo sozinhos podem desenvolver a Síndrome de Ansiedade de Separação (SAS), tema que já abordamos. Os cães evoluíram ao lado dos homens. São animais de matilhas. Eles necessitam da presença dos seus iguais, mas, principalmente, de seus tutores, sua família humana, a qual ele ama profundamente.

4.Broncas sem sentido.

Às vezes, esquecemos que aquele ser que tanto amamos é um cão, ou seja, é de uma espécie diferente e que vai ter atitudes caninas, como latir, farejar e roer objetos. Além disso, seus pelos sempre vão cair pela casa. O cão não vai saber que ele deve roer o brinquedo ao invés do seu sapato se não for treinado. Apenas brigar e punir toda vez que ele aprontar vai deixá-lo mais estressado.

5.Falta de treinamento.

O adestramento trabalha a parte mental, física e psicológica do cão. Sem treinamento, o cachorro nunca saberá o que é certo ou errado. Punir um cão por algo que ele nem sabia que era errado vai deixa-lo estressado e confuso. Além disso, a falta de exercício mental, que o adestramento proporciona, vai deixá-lo mais agitado e ansioso.

6. Não exercer sua função.

Todo cão de raça foi criado para alguma função. Por exemplo, algumas raças de pequeno porte, como o Yorkshire Terrier, foi criado para caçar ratos nas minas de carvão inglesas. Imagine o estresse, para quem nasceu para caçar, ficar no colo o tempo todo. O Poodle foi criado para resgatar aves abatidas durante a caça, assim como o Labrador e o Golden. Os cães de guarda, como Pastor Alemão, Rotweiller, Pastor Belga Malinois, Doberman entre outros, possuem, em seu DNA, o instinto da proteção. Quando esses instintos são ignorados e até mesmo inibidos, o cão pode apresentar um profundo estresse, entrando em depressão ou em estado de agressividade, que é mais comum.

7. Donos estressados.

Talvez, esse seja o agente estressor mais complicado e mais difícil de corrigir.

Cães são animais extremamente sensíveis. Eles são ótimos em reconhecer sentimentos como medo, nervosismo e ansiedade, mesmo que tentemos esconder tudo isso. Eles observam muito bem o comportamento do dono e das outras pessoas e, por isso, muito do comportamento do tutor pode influenciar na construção da personalidade do cão e no comportamento dele no cotidiano. O clima de nossa casa interfere diretamente no comportamento deles. Apresentam tanta ligação com os humanos ao ponto de adotarem os nossos sentimentos e padrões de comportamento. Dono ansioso, cão ansioso. Dono irritado, cão irritado. Dono tranquilo, cão tranquilo. Ou seja, os cães podem assumir o estresse dos humanos reagindo com mudanças fisiológicas ou comportamentais.

James Morrisey, veterinário na Faculdade de Medicina Veterinária da Universidade Cornell (EUA), afirma que cães e gatos são muito bons em pegar o estresse das pessoas, assim como as aves.

Além de transportar os encargos das pessoas, os animais têm suas próprias fontes de estresse. E para esses seres que dispõem de mecanismos não mentais para perceber o mundo a sua volta, não é nada fácil lidar com isso.

Estados depressivos podem alterar comportamentos, mudar atitudes e predispor a doenças. Ansiedades podem provocar diarreias, apatias, automutilação e agressividade.

Quais são os sinais de estresse que os cães apresentam?

Os exemplos mais comuns são:

Kelen Sbolli

1. Hiperatividade.

São cães permanentemente intranquilos, apresentando grande tensão acumulada. Destroem tudo, dos seus sapatos ao para-choque do seu carro.

2. Movimentos estereotipados.

Um cão que corre atrás do rabo de maneira intermitente não é engraçado. Isso é um comportamento patológico que lhe causa grande sofrimento. Latidos excessivos constantes e para o nada também são muito frequentes.

3.Salivação excessiva.

O cão que saliva diante de algum agente estressor, como barulhos intensos, está demonstrando um comprometimento crônico do seu estresse.

4. Ofegar em excesso.

Ofegar é a ferramenta que os cachorros utilizam para expulsar o calor do corpo. Se vir o seu cachorro ofegar em situações nas quais ele deveria estar tranquilo, é provável que esteja estressado e precise aliviar a tensão que sente.

5.Lambedura excessiva.

O cão que se encontra em grande estresse pode lamber constantemente a pata a ponto de sofrer automutilação. Chamamos de dermatite por lambedura.

6. Falta de atenção.

Um cão estressado apresenta uma agitação intensa, que o faz não ter o foco necessário para o aprendizado. Em adestramento, primeiro trabalhamos essa ansiedade e agitação para depois estimular seu foco.

HISTÓRIAS DE UMA ADESTRADORA

7.Mudança de comportamento.

Cães tranquilos que passam a morder a todos é um exemplo típico. Outros sempre foram brincalhões e passam a ficar deitados o dia todo, em depressão profunda. Fobias inesperadas também podem ser um sintoma de estresse crônico.

8. Perda de apetite, problemas digestivos, perda excessiva de pelos[19].

O que podemos fazer para ajudá-los?

Primeiramente, é fundamental conhecer o seu cão, observar os seus hábitos, o que gosta e o que não gosta. Prestar atenção a sua linguagem corporal. Caso ele apresente alguma alteração significativa, verifique o que pode ter acontecido, como mudança na rotina, diminuição de passeios, morte de alguém da família ou do seu amiguinho canino. Enfim, fazer um checklist para que você possa suprir o que está faltando ou mesmo procurar a ajuda de um especialista para que este apresente a melhor solução para o estresse do seu amigo canino.

---

[19] BEERDA, B. *et al*. Chronic stress in dogs subjected to social na spacial restriction. I Behavioral Responses.*Physiology & Behavior*, 1998.

UM VELUDO INTOCÁVEL

Pense em uma pelagem cinza chumbo, brilhante e macia como veludo.

Assim era Flora, uma das Shar Pei mais lindas que já vi.

Uma amiga me contou a história da Shar Pei e de sua tutora, e que ela precisava de ajuda desesperadamente.

—Tenho uma missão impossível para você – disse minha amiga.

—Então nem vou – respondi.

—Mas é um desafio e eu sei que você gosta de desafios...

Pronto. Arilete sabe como eu sou. Não fujo de desafios. Faço o possível e o impossível. Nunca joguei a toalha.

—Tá bom. Do que se trata? – perguntei, já suspirando.

Com um sorriso maroto, ela começou:

—Daiana é uma amiga que tem uma Shar Pei de 2 anos. Só que a cachorra está cada vez mais agressiva. Ninguém consegue entrar no apartamento sem ser mordido. Passar a mão, nem pensar! Não tem empregada que pare na casa. Quer avançar em todos no condomínio. Não tolera outros cães. A família não aguenta mais.

—Affff... Tem alguma coisa normal na cachorra?

—Tem. Ela ama a Daiana. E é recíproco.

Cocei a cabeça, pensei um pouco e respondi:

—Ok. Vou dar uma olhada, mas não prometo nada. Tem coisas que não têm jeito e se eu verificar que é um caso sem solução serei sincera.

Shar Pei é uma raça de origem chinesa formada para lutar com outros cães e para guarda. Tem um temperamento forte, reservado, podendo ser agressivo com estranhos e outros animais, a não ser que seja bem socializado desde pequeno. Se a socialização não for feita e houver algum trauma de infância, ou até mesmo uma alteração neurológica, esse cão será uma bomba relógio capaz de grandes estragos.

Quando cheguei ao apartamento de Daiana, ela me recebeu com a Shar Pei na guia e assim que abriu a porta, a cachorra latiu imediatamente, o que me fez dar um passo para trás. Ela não estava brincando.

—Flora! Não faça assim! Que feio!

—Entre, Kelen. Vou pedir para meu filho segurar a Flora.

Daiana ficou um pouco constrangida com a reação da cachorra, mas procurei deixá-la mais tranquila.

—Não se preocupe. Já estou acostumada com cães mal-humorados, mas depois eles acabam se apaixonando por mim – disse, sorrindo.

Com certo alívio, convidou-me para sentar, mas eu estava sempre de olho na Flora, para ficar a uma distância segura.

—Me conte sobre ela. O que está acontecendo e quando começou?

—Nós adquirimos a Flora de um canil aqui de perto. A pegamos com três meses e ela veio com muitas pulgas, com problemas de pele, chegou a dar dó!

—E você não questionou o canil?

—Na verdade, ficamos mais preocupados em cuidar dela.

—Ok. E o que mais observou?

—Bom... Ela sempre foi meio arredia, mas com o passar do tempo começou a ficar agressiva com outros cães e a desenvolver algumas fobias, como medo de ir à rua, de lugares fechados. Foi, então, que contratamos um adestrador, mas foi péssimo...

—Por quê? O que aconteceu?

—Veja, Kelen, nós não entendemos nada de adestramento, e ele disse que tínhamos que mostrar quem mandava, que nós éramos os líderes. Ele colocava um enforcador e cada vez que a Flora rosnava, ele puxava bem forte. Quando a levava para fora era extremamente agressivo com ela.

—E o que fizeram?

—Um dia, quando ele chegou, a Flora começou a tremer. Então percebemos que algo estava errado. Pedimos para que não viesse mais.

Quando ouço essas histórias, além da vontade de chorar, tenho vontade de abrir a cabeça desses pseudoadestradores e ver se tem alguma coisa lá dentro além de porcaria.

O que leva alguém a tratar um cão com algum problema comportamental com agressão? É simplesmente inconcebível!

—Daiana, a Flora não foi bem tratada no canil e é bem possível que a cruza, do ponto de vista genético, também não tenha sido correta, produzindo filhotes com tendências a problemas comportamentais. Tudo isso é em teoria, ok?

—Entendi.– Daiana estava bem atenta a tudo que eu falava.

—Outra coisa bem grave é o que o adestrador fez. Desculpa pelo que vou lhe dizer, mas ele acabou com a Flora. Talvez, nós nunca consigamos recuperá-la 100%. Mas não é culpa sua. Quando contratamos um profissional, nós confiamos. É normal.

Daiana ouviu tudo com muita atenção, mas também com muita tristeza. Ela realmente amava aquela Shar Pei, mesmo com todos aqueles problemas.

Flora não me deixou me aproximar em nenhum momento. Como não queria estressá-la, não forcei a aproximação.

No primeiro dia, cheguei com petiscos, vina e o clicker.

—Daiana, vou começar ganhando a confiança dela, até ela perceber que não ofereço risco. Não sei quanto tempo isso vai levar, mas não podemos ter pressa.

Estavam presentes na sala a Daiana e seu filho, Rodrigo. Daiana afrouxou a guia para a Flora me cheirar e antes que eu pudesse dizer para ela não fazer isso, a Shar Pei cravou os dentes na minha perna. Rodrigo puxou a guia e deu uma bronca na mãe.

—Mãe! Preste atenção! Não deixe ela se aproximar tanto!

—Ah! Desculpe! Não achei que ela fosse morder...

—Calma, gente. Só vou limpar o sangue e já volto. Está tudo bem.

Limpei o sangue e fiz um curativo improvisado. Estava doendo "pra caramba".

—Não foi nada, pessoal. Só um arranhão. Vamos continuar. Só preciso que você segure ela bem firme e eu ficarei a uma distância que ela se sinta confortável.

Nesse momento, Rodrigo interveio.

—Kelen, você vai ver isso com frequência. A mãe não tem nenhum domínio sobre ela e, o pior, às vezes, a Flora quer morder a gente também por chegarmos muito perto da mãe, se a abraçamos ou por qualquer motivo que ela ache que mereça uma reação. Na verdade, eu sou o que mais consegue controlar a Flora.

Mais do que um relato, isso foi um desabafo.

Naquele momento, percebi que existia certa tensão familiar. Ainda não tinha conhecido o marido de Daiana, pois ele trabalhava o dia todo, mas pelo que me contaram, Flora, frequentemente, tentava mordê-lo. O pior é que Paulo, o marido, tinha medo de cães desde a infância. Com certeza, ele ama muito a Daiana...

Naquele dia, Flora se assustou um pouco com o clicker, então fiz uma dessensibilização. Nas aulas seguintes, ensinei-a a se sentar. Na verdade, ensinei Daiana e Rodrigo a fazê-la se sentar, dando-lhe petiscos, pois ela não me deixava chegar perto. Posteriormente, aprendeu a se deitar.

Em seguida, foi o comando "fica", mas sempre com a guia para que ela não me mordesse novamente.

Levar mordida faz parte do trabalho, mas não deve ser considerado normal. Todo adestrador tem que tomar o máximo de cuidado e não se achar "o invencível", expondo-se desnecessariamente. Mordidas e cicatrizes não são troféus. Nosso corpo é nossa ferramenta de trabalho. Todo o material de segurança disponível deve ser utilizado dependendo do caso, mas o bom senso é fundamental sempre.

Eu queria que os comandos de "senta", "deita" e "fica", com recompensa, fossem utilizados sempre, para qualquer coisa. Desde a hora de oferecer a refeição até o momento em que alguma visita

HISTÓRIAS DE UMA ADESTRADORA

chegasse a casa. Porém os problemas familiares e pessoais de cada um deles fizeram com que não se entendessem e não utilizassem nada do que fizemos em aula.

Conseguimos sair com Flora na rua depois de muitos estímulos e respeitando sempre seu tempo. Se todos estivessem juntos, ela saía para caminhar, bem insegura, mas saía. Nesse momento, ela deixava eu me aproximar e até acariciá-la, porém não aceitava nenhum petisco, o que é normal quando o cão está extremamente ansioso.

Queria que eles saíssem todos os dias com ela, mas mais uma vez não foi possível.

Depois de várias semanas de aulas, Flora ainda não me deixava chegar perto. Ao contrário, cada vez que eu chegava ela tinha vontade de me matar. Sempre fiquei a uma distância segura, mas eu precisava interagir mais de perto.

Foi, então, que problemas pessoais de Daiana fizeram com que interrompêssemos os treinos.

Meses depois, Daiana me ligou novamente, dizendo que Flora estava muito pior e queria retomar as aulas.

Quando cheguei ao apartamento, Flora se soltou do peitoral e veio em minha direção. Só deu tempo de pular o sofá até que Rodrigo a pegasse.

—Oi Flora! Eu também estava com saudades de você...

—Desculpa, Kelen! – falou Daiana.

—Sem problemas. No fundo ela me ama.–Tentei suavizar a situação.

Flora havia engordado muito e estava visivelmente com problemas de pele.

—Me conta tudo – falei.

—Então... Ela tentou morder um morador no elevador e agora estão nos obrigando a usar focinheira nela. Só que não conseguimos colocá-la porque ela nos morde. Está com muitos problemas de pele e é um sacrifício para tomar remédio e passar a pomada. Está muito estressada por causa de tudo isso. Está bem pior quanto a sair na rua. Não vai de jeito nenhum. E para finalizar isso tudo, descobrimos que ela é alérgica a tudo. De carne, só pode comer peixe.

—Petisco e vina não pode? – perguntei, já pensando na complicação.

—Sem chance. Nem pensar.

—Outra coisa. Nós tentamos dar calmante para ela, mas foi pior. Ela ficava "grogue" o tempo todo. Parecia um boneco, tadinha!

—Isso ela não vai tomar nunca mais – falou rispidamente Rodrigo.

Nessa época, eu já estava fazendo alguns cursos, como aplicação de Reiki em animais, homeopatia com o acompanhamento de um veterinário, e outros recursos integrativos.

—Daiana, eu preciso pensar um pouco. Volto amanhã para conversarmos. Pode ser?

—Claro, sem problemas.

Passei o resto do dia e parte da noite pensando em como abordar certos assuntos.

Era evidente que havia uma "simbiose" entre Flora e Daiana. Uma codependência. Daiana tinha muitos problemas psicológicos e também com a família, como pude perceber. E Flora, por incrível que pareça, era uma cachorra extremamente sensível, que havia passado por maus bocados no canil e com o outro adestrador. Isso fez com que ela não conseguisse ser autoconfiante e tranquila o suficiente para lidar com suas dificuldades. Para piorar, Flora absorveu muito os problemas de Daiana. Era como se ela tentasse protegê-la de tudo que pudesse causar estresse e preocupação em Daiana. Era sua sombra, seu anjo da guarda. Mas o que ela não sabia é que, sendo assim, ela só estava causando mais problemas.

Eu teria que tocar em alguns pontos nevrálgicos e não tinha certeza de como eles receberiam isso.

Eu não queria desistir das duas. Elas estavam sofrendo muito e precisavam de ajuda.

—Daiana, podemos conversar em particular?

—Sem dúvida.

Fomos até o saguão do prédio e comecei:

—Você sabe o quanto Flora faz por você, não é?

Seus olhos marejaram.

—Sei sim.

—Isso não quer dizer que a culpa seja sua. Ninguém é culpado por nada. Flora é muito sensível e muito apegada a você, por isso quer protegê-la até de suas angústias. Ela sabe que você não está bem e na cabecinha dela, ela tem que cuidar de você. Como não sabe o que causa sua angústia, tudo e todos podem ser um perigo.

Por uma fração de segundos, observei seu semblante para ver se poderia continuar.

—E você, por alguma fragilidade sua, não consegue estabelecer limites, mostrar a ela que ela não precisa cuidar de você nesse sentido. Não consegue deixá-la ser apenas cachorro. Não se culpe. Quando estamos fragilizados fazemos isso mesmo.

—Concordo com tudo – disse, cabisbaixa.

—Quero tentar outra abordagem .

—O que você tem em mente?

—Primeiro, quero que a Flora faça um tratamento com homeopatia, com um veterinário homeopata, enquanto eu trabalho a parte comportamental. Quero também fazer Reiki, mesmo auma certa distância, pois acho que pode ajudar a equilibrá-la. Mas quero também fazer Reiki em você, pelo mesmo motivo.

—Tudo bem. Acho que será ótimo, mas temos dois problemas. Primeiro, acho que o Rodrigo não vai concordar com a homeopatia. Ele não quer mais dar nenhum remédio para ela.

Suspirei bem fundo para achar meu equilíbrio e disse:

—Vou falar com ele e explicar o que é a homeopatia. Qual era a segunda coisa?

—A segunda coisa é que antes de fazer tudo isso quero que você ensine a Flora a usar a focinheira.

Ai, ai, ai... Isso seria um problema, uma vez que ela não me deixava eu me aproximar.

Uma focinheira comum, de grades, não funcionava, porque ela tirava com muita facilidade. As de plásticos fechadas eu jamais usaria, pois é sufocante para o cão.

As melhores são as de grades plásticas que prendem no pescoço e acima da cabeça. Elas são mais confortáveis e não têm perigo de o animal tirar. O problema é que ela precisa de ajustes ao ser colocada e Flora mal deixaria aproximá-la do seu focinho.

Acho que usamos alguns quilos de peixe. O estresse da Flora foi tanto que sua reação ao me ver ficou bem pior.

—Vamos dar um tempo, Daiana. Vamos começar a fase dois do treinamento que combinamos e depois voltamos à focinheira.

Exatamente pela desconfiança que Flora tinha de mim, fiz Reiki sempre a uma distância quase segura. Quase, porque algumas vezes ela tentou morder. Para começar a homeopatia tive que convencer o Rodrigo que aquilo não faria mal algum a ela. Pedi para que ele me desse uma chance.

Ao mesmo tempo, passei a fazer exercícios de comando da Daiana e relação à Flora. A intenção era que a tutora passasse confiança suficiente para sua cachorra, mostrando que ninguém faria mal a ela (Daiana), que poderia ficar deitada tranquilamente ao seu lado sem avançar em ninguém. Isso exigiria uma mudança grande de comportamento. Teria que ser assertiva, confiante e segura com sua cachorra.

O passo seguinte é mostrar para a Flora que ela tem que ficar em um determinado lugar quando chega alguém, mesmo sem peitoral.

Temos um longo caminho pela frente.

Mas não vou desistir de ninguém. Nem do ser humano, nem do ser canino.

Quero que a vida de todos melhore, porque todos merecem uma segunda chance de ser feliz.

Atualmente, já consigo ficar perto de Flora sem ela querer me morder, mas ainda não posso tocá-la. É um trabalho de redução de danos. Seus tutores têm a consciência de que ela nunca será uma cachorra normal e aprenderam a respeitar os limites dela.

O CÃO É O NOSSO ESPELHO – ATUALIDADES NO ADESTRAMENTO CANINO

Do adestramento feito à força e com agressividade para o adestramento positivo, feito com estímulos e brincadeiras, já se passaram algumas décadas. Nosso país, ainda atrasado, apresenta alguns treinadores que utilizam a força como base de seu treinamento. Mas tudo caminha para o desenvolvimento, até mesmo no Brasil.

Depois de o adestramento positivo já estar consagrado no Brasil, agora começa a chegar, dos USA e da Europa, um método de treinamento cuja característica é a dinâmica entre o cão e a sua rede familiar. Nesse método, o cão aprende não só pelo condicionamento clássico e operante, mas, principalmente, pela sensação e emoção.

Os cães, como todos sabem, são animais de matilha, equipe ou família. Uma família é baseada em sentimentos. Os sentimentos são baseados em um desejo comum em torno do qual o grupo pode se alinhar e sincronizar. Fazer parte de uma equipe ou família não é ter um trabalho para fazer ou trabalhar por uma recompensa. A família permite que seus membros coloquem seus corações em seu trabalho.

O adestramento moderno é sobre identificar o que os cães querem e precisam e como alinhar e sincronizar o cão e o dono como uma família.

Segundo Behan, um especialista norte-americano em comportamento canino, a consciência de um cão deriva de sua participação em uma "vontade" mais ampla, desencadeada pela emoção e forjada pelos sentimentos. A emoção, a natureza e a sensibilidade compõem uma "inteligência em rede", à qual todos nós pertencemos, inclusive, os cães[20].

Dessa maneira, quando observamos um cão estamos, na verdade, observando a rede emocional à qual ele se encontra ligado. Seu comportamento é manifestação e expressão de emoções e sentimentos que ele recebe das pessoas às quais está ligado. Sendo mais objetivo ainda, os cães são um reflexo da dinâmica emocional do dono e da família.

---

[20] BEHAN, K. *Seu cachorro é seu espelho*. São Paulo: Lumen Editorial, 2012.

Uma observação particular em quase 10 anos de adestramento é que em toda casa em que há mais de um cão sempre haverá um deles mais permeável e depositário das emoções daquela família, trazendo para si as dores, as angústias e os emaranhados de emoções que seus membros não conseguem resolver ou, às vezes, nem sabem racionalmente que existem.

Daí a necessidade, dentro de um adestramento sério, de trabalhar não só os comandos e comportamento do cão, mas o comportamento e a dinâmica da família, ou da pessoa mais próxima a ele.

Atualmente, implementei em meu trabalho uma avaliação sistêmica familiar (família+cão), avaliando traços de possível ansiedade e agressividade, por exemplo. Uma psicóloga trabalha a família ou o dono mais próximo, enquanto o adestrador trabalha o cão. Em vários atendimentos realizados, os feedbacks dos clientes foram extremamente positivos.

Um exemplo bem interessante foi de uma cliente que reclamava que seu cão latia incessantemente num determinado período do dia, o qual que correspondia à chegada dos seus vizinhos. Um fato relevante é que eles haviam se mudado havia poucos dias para essa nova casa.

Em uma análise feita pela nossa psicóloga, levantou-se a seguinte hipótese diagnóstica: a ansiedade da dona do cão aumentava à medida que se aproximava o horário da chegada dos vizinhos. Como ela queria causar uma boa primeira impressão para os vizinhos (os quais possuíam muitos gatos), ela temia que seu cão latisse em demasia e começasse uma crise na vizinhança e a desaprovassem no condomínio. O medo de ser criticada pelos vizinhos lhe gerava um estado ansioso. O cão, sendo muito ligado a ela, conseguia fazer a leitura de sua rede de emoções, relacionando o aumento da ansiedade de sua dona com a chegada dos vizinhos.

Como disse anteriormente, o cão não possui uma habilidade racional, mas intensamente emocional. Sua percepção foi relacionar a presença dos vizinhos como algo ruim para sua dona e na tentativa de protegê-la dessa ameaça, ele latia intensamente, para afastar "aquilo" que causava tanto transtorno emocional e energético em sua dona. Uma vez que ela tomou essa consciência e trabalhou sua ansiedade e mudou o foco, o cão automaticamente parou de latir.

HISTÓRIAS DE UMA ADESTRADORA

Esse é apenas um resumo de um atendimento. Várias técnicas foram utilizadas pela psicóloga para diminuir a ansiedade, bem como uma psicoeducação para ela e seu esposo, diminuindo o hiperfoco. Em contrapartida, eu como adestradora trabalhei a dessensibilização dessa situação no cão, para que não ficasse nenhum comportamento aprendido. Atualmente, há relatos da família de que não há mais problemas nesse sentido, podendo, inclusive, a família se ausentar de casa por várias horas sem o cão causar nenhum transtorno.

Hoje em dia, trabalhar problemas comportamentais dos cães apenas utilizando técnicas tradicionais, na maioria das vezes não soluciona o problema, uma vez que a família, geralmente, é responsável pelos sintomas do cão. Nesse caso, o cãozinho serve como uma esponja/sintoma das emoções da família. Quando a família recebe ajuda, o cão, automaticamente, beneficiar-se-á, cessando seus sintomas, como latidos, medos, indisciplina, comportamentos estereotipados etc.

13

VIDA ESPARTANA

Nem todas as histórias que vivi na minha profissão foram engraçadas ou com final feliz.

Algumas situações foram extremamente difíceis e angustiantes.

Quando me chamaram para avaliar um Pastor Alemão rebelde de 2 anos não imaginava o que encontraria. Ou melhor, não encontrei o que achei que iria encontrar.

—Bom dia, Kelen. Que bom que você veio.

Eleonora era uma mulher alta, de postura rígida e com os olhos azuis mais tristes que já vi.

—Venha conhecer o Rambo – antecipou-se sem cerimônia.

Fomos até o quintal e um Pastor se aproximou de nós de cabeça baixa e rabo entre as pernas. Timidamente, abanou a cauda para Eleonora e me cheirou com desconfiança.

—É este o cão rebelde? – perguntei, carregando na ironia.

Rapidamente refiz mentalmente a vida daquele Pastor. A "rebeldia" era só falta de obediência básica, que foi tratada com muita violência física ou emocional. Ou ambas.

—Nós temos mais um Pastor, que é a Nina. Ela foi adestrada por um policial e é muito obediente. Só sai do canil quando mandamos.

Quando escuto esta frase, "foi adestrado por um policial", dá até arrepio na espinha e não consigo esconder meu incômodo.

—Conhece ele? – perguntou.

—Nem faço ideia de quem seja – respondi, sem querer prolongar o assunto.

Nada contra policiais. Ao contrário. Admiro sobremaneira o trabalho incansável deles, principalmente aqueles que trabalham com cães. Atualmente, a Polícia Militar, a Polícia Federal e as Forças

Armadas têm investido muito em cães de trabalho. Não é mais um trabalho amador. Antigamente, era um castigo para o policial prestar serviço no canil. Hoje é bem diferente. O treinamento dos cães de busca e apreensão, faro de drogas, cadáver, explosivos, ganhou uma especialização muito grande dentro das forças policiais. O treinamento está mais focado na parceria cão-policial e as técnicas mais científicas, primando sempre pela recompensa e não pela força.

Porém, nem sempre foi assim. Adestradores da velha guarda, policiais ou não, só trabalham na submissão, utilizando exclusivamente a força bruta como método de adestramento. Isso só causa malefícios ao cão. Traumas, descontrole emocional e uma vida infeliz.

—Mas qual é o problema dele, Eleonora. Não estou observando nada de errado – comecei a cutucar.

—Bom, ele é obediente, mas em algumas situações reage de maneira estranha. Por exemplo, quando crianças passam em frente de casa na saída da escola, ele fica extremamente agitado a ponto de pular a janela para ficar dentro de casa. Já apanhou várias vezes do meu marido por causa disso, mas não adianta, ele continua fazendo.

—Você disse, "apanhou"? – perguntei, espantada.

—É... Meu marido não tem muita paciência e isso é um problema.

Quando Eleonora disse isso, percebi que tinha alguma coisa errada entre os dois.

—Mas é inconcebível bater em um cachorro. Ainda mais em uma situação de medo como essa!

—Eu sei, Kelen. Concordo. Mas você terá que conversar com o Claudio.

Nesse momento, percebi que eu teria problemas. E tive.

—E onde ele está, Eleonora? É importante que ele participe desta conversa.

Foi como invocar o diabo.

—Boa tarde. Você é a adestradora? Chegou antes do horário marcado.

Essa foi a entrada triunfal do tutor do Rambo.

—Melhor do que chegar atrasada – falei, olhando direto nos olhos dele e estendendo a mão para cumprimentar.

Uma faísca saiu desse cumprimento.

—Minha mulher já falou dos problemas do Pastor?

—Já me falou alguma coisa, mas gostaria de ouvir do senhor também.

Eu sabia que esse seria o momento principal de toda a avaliação. Eu precisava saber quem era o dono daquele cão triste e amedrontado e o marido daquela mulher triste e amedrontada.

—Eu já fiz o adestramento dele. Mas precisa de mais disciplina. Não consigo passear com ele porque tem medo de patins, bicicleta, skate. Tenho forçado bastante para ficar quieto, mas ele está muito forte e quer fugir!

Sua fala foi com raiva e irritação.

—Sei... Quem foi o adestrador dele? – perguntei, já prevendo a resposta.

—Eu mesmo! Isso não tem segredos! É só mostrar para o cachorro quem manda.

Com um sorriso sarcástico, eu respondi:

—Se fosse fácil assim ele não estaria com problemas...

Não suporto arrogância e muito menos maus-tratos aos cães. Eu me enfureço quando escuto pessoas menosprezando minha profissão e achando que assistindo a uns vídeos ou lendo um livro já pode sair por aí brincando de adestrador ou opinando sobre algo tão complexo.

Nós, adestradores, fazemos inúmeros cursos e estudamos o tempo todo. A ciência tem avançado muito nas pesquisas sobre o comportamento canino e é obrigação de qualquer treinador de cães acompanhar os novos estudos e teorias para que as técnicas de adestramento possam também se aprimorar.

—Vamos dar uma volta com ele para eu ver isso de perto – falei, tentando amenizar o clima.

Claudio colocou um enforcador em Rambo e uma guia bem curta. Procurei não interferir. Só queria observar onde ia parar aquilo tudo...

Rambo começou a fazer toda a linguagem de apaziguamento antes mesmo de sair. Visivelmente ansioso e amedrontado.

—Junto!

Aquilo não foi um comando, foi um grito. Até eu me assustei.

Ao sairmos, o pastor quis ir para a direita, mas seu tutor imediatamente corrigiu, falando:

—É para a esquerda! É pra lá que temos que ir!

—Por quê? – perguntei sem entender

—Porque a praça onde tem os skates e patins fica para a esquerda e é lá que ele tem que aprender a andar.

—Ah! Tá! – Continuei no papel de paisagem.

A cada tentativa do pastor cheirar ou se esquivar de algo ele imediatamente era corrigido com um puxão no enforcador.

Quando chegamos à praça havia meninos brincando com seus skates na quadra. Ao ouvir o barulho, Rambo começou a resmungar e tentar sair de lá de qualquer maneira. Seu dono praticamente o arrastou para perto, o fez sentar de frente para a quadra e segurou o mais forte que pôde.

Eu não estava acreditando no que estava vendo.

Finalmente, não aguentei mais e disse:

—Você só está piorando mais as coisas fazendo assim! Eu estava quase espumando.

—Ele já melhorou muito do que era. Já consegui fazer sentar. Antes, nem isso ele fazia aqui perto.

—Então você acha que está funcionando?!–falei, espantada.

—Acho. Olha moça, não acredito que dando petiscos e passando a mão na cabeça ele vai mudar. Por mim não teria chamado ninguém, mas a Eleonora é que insistiu demais.

Finalmente, ele mostrou sua cara.

HISTÓRIAS DE UMA ADESTRADORA

—Primeiro, não é só "dando petiscos e passando a mão na cabeça" que se resume a técnica. O treinamento é muito mais complexo do que isso. Segundo, foi sua esposa que me contratou, já me pagou e eu não vou devolver o dinheiro. Então vou fazer meu trabalho.

Esse foi só o primeiro de muitos embates entre nós. Normalmente, eu já teria desistido, mas eu não podia fazer isso. Não podia deixar aquele pastor à própria sorte. Ele estava sofrendo e não merecia passar por tudo aquilo.

Depois fiquei sabendo que Claudio era militar reformado, extremamente duro com a família e, obviamente, não seria diferente com os cães.

—Kelen, não adianta, ele não vai mudar. É melhor interrompermos o trabalho porque ele não faz o que você pede, não segue suas orientações. Comecei a dar um remédio homeopático para o Rambo e tive que fazer isso escondida para ele não brigar comigo!

Eleonora estava exausta. De tudo. E eu não podia fazer muita coisa.

—O Rambo melhorou em muitas coisas, você sabe disso. Mas cada vez que o Claudio interfere, ele regride. Respeito sua decisão. Só lamento.

Assim foi o final de meses de trabalho.

—Eu vou passar um relatório de tudo que foi feito. Se um dia vocês quiserem recomeçar o trabalho com outro adestrador, apresente para ele.

Este caso me abalou muito e por muito tempo não conseguia passar na rua para não ver o triste Rambo por lá. Muito tempo depois, casualmente, passei pela rua e, devido ao trânsito, parei exatamente em frente a casa. Estiquei o pescoço procurando por ele. Só vi Nina. O que teria acontecido com o Rambo? Milhões de coisas passaram pela cabeça. Não procurei saber. Melhor assim.

Engoli em seco e segui a vida.

CURITIBA, 23 DE JUNHO DE 2012

RELATÓRIO RAMBO

Rambo, de 2 anos de idade, da raça Pastor Alemão foi avaliado e, segundo seus proprietários, ele apresentava medo de pessoas no espaço exterior à casa, medo de skates, além de ficar extremamente agitado quando crianças passam na frente do portão. Com frequência, pula as janelas para ficar no interior da casa.

Na avaliação, observei que Rambo é um cão equilibrado, ativo, que gosta da aproximação de pessoas e objetos. É importante ressaltar que há uma grande diferença de como o cão é, de como ele está. Isso é frequente em problemas comportamentais.

Iniciando os trabalhos, verifiquei grande ansiedade em Rambo nos horários de pico, quando aumenta o número de pessoas passando em frente à casa. Nesses momentos, Rambo não aceita petiscos, comando, nem consegue focar em objetos ou brincadeiras, além de pular janelas ou barreiras para entrar em casa.

Nos passeios externos também observei extrema ansiedade e medo ao chegarmos a uma praça próxima. Naquele local, ele puxa em demasia a guia, querendo voltar para casa. Tem medo de qualquer pessoa que se aproxime, além do skate, já relatado pelos proprietários. Com outros cães mostrou-se curioso e querendo brincar.

Em um dos treinamentos, levei Rambo para brincar com a boxer Vênus. O trabalho foi muito produtivo, pois ambos entenderam-se perfeitamente. As brincadeiras e exercícios fizeram com que Rambo ficasse bastante relaxado.

Na sequência dos trabalhos enfatizei o relaxamento. O local considerado "seguro" por Rambo foi uma pequena área de serviço localizada na área externa. Nesse local o conduzia para massagem relaxante, com música adequada e reforço positivo primário e secundário (petiscos e clicker).

O momento ideal para passeios a pé ou com bicicleta foi após o relaxamento, pois foi notório como aceitou melhor sua condução.

HISTÓRIAS DE UMA ADESTRADORA

Durante a sequência de trabalhos, foi-me também relatado que seu adestramento para obediência básica havia sido realizado pelo próprio proprietário que, por não ser qualificado para isso, cometeu vários equívocos, o que pode ter dado início às suas crises de ansiedade.

Portanto, para a sequência dos trabalhos que serão realizados pelos proprietários, recomendo:

- Utilizar outros locais para passeio que não seja a praça perto da casa, onde sua aversão é notória.

- Antes de passeios, fazer o relaxamento. Não sair com ele em estado de excitação.

- Durante os passeios a guia deve estar frouxa e alongada, <u>sem puxões ou trancos</u>, para que ele retome o prazer pelo passeio.

- Os passeios <u>diários</u> devem ser feitos fora dos horários de pico.

- Nos primeiros 15 dias, os passeios devem ser curtos de, no máximo, 15 minutos.

- Quando possível, marcar encontros com pessoas que ele <u>já conheça</u>.

- <u>NUNCA</u> utilizar o processo de inundação, no qual ocorre uma exposição do cão às situações dos quais tem medo. Na maioria dos casos isso piora consideravelmente o quadro.

- Brincadeiras também devem fazer parte de sua rotina diária.

- Periodicamente, levá-lo para brincar com outros cães, como também levar outros cães até seu espaço.

- Caso pule a janela quando estiver ansioso, retirá-lo <u>calmamente</u> e levá-lo até seu "local seguro" para acalmá-lo.

- A área de serviço escolhida por Rambo como um local seguro deve ficar permanentemente aberta para que ele possa acalmar-se sozinho.

- Em contrapartida, nos momentos em que ele estiver calmo, levá--lo para dentro de casa para que perceba que somente nesses momentos ele poderá entrar.

- Continuar com o medicamento homeopático até o final e depois levá-lo para reavaliação com a veterinária.

Após 15 dias, a contar de hoje, favor entrar em contato para acompanhamento de sua evolução.

Ressalto que a recuperação de Rambo deverá ocorrer lentamente durante os próximos meses devendo, portanto, contar com a paciência, persistência e o carinho de seus proprietários.

Atenciosamente,

Kelen Sbolli –Adestradora.

O MITO DO CÃO DOMINANTE

Cão dominante. Cão alfa. Líder da matilha. Esses conceitos fazem parte de uma teoria já ultrapassada. Desde 2007, cientistas passaram a olhar mais de perto para essa teoria e vários estudos foram feitos. Os resultados mostraram que estávamos errados o tempo todo.

O termo "dominância" foi amplamente utilizado para explicar o comportamento de cães domésticos. Esse conceito sustentava a ideia de que os cães são fortemente motivados para estabelecer uma hierarquia entre eles e com as suas famílias de humanos. Com isso era comum ouvirmos que "nós, humanos, é que temos que ser os líderes", "devemos submeter o cão a qualquer preço", "onde tem vários cães haverá luta pelo poder e o mais dominante vai ganhar". A implicação prática dessa teoria da dominância é que métodos ultrapassados de treinamento reforçam a que os donos devem submeter os cães, por exemplo, utilizando o alpha roller (técnica em que a pessoa vira o cão agressivo de barriga para cima e fica sobre ele até o cão sucumbir emocionalmente), não deixar que o cão passe primeiro pela porta e outras bobagens parecidas.

Mas de onde surgiu a teoria da dominância?

Aproximadamente, na década de 70, cientistas começaram a observar o comportamento de lobos em cativeiro, vendo disputadas acirradas pelo poder da matilha. Um se sobrepondo ao outro até o último submisso. Um processo hierárquico. Como os cães são descendentes dos lobos, eles relacionaram o mesmo comportamento para cães domésticos. Porém pesquisas feitas em campo surpreendentemente não mostraram o mesmo comportamento dos lobos em cativeiro. Os lobos na natureza possuem um comportamento cooperativo. Existe, sim, o casal principal, que tomam as decisões de caça. Seus filhos mais velhos ajudam nas caçadas e no cuidado com seus irmãos mais novos. Não há disputas. O "patriarca" defende sua matilha de outros grupos de lobos invasores. Se um dos seus filhos quiser formar sua própria matilha, ele sai da matilha paterna, encontra uma parceira e forma uma nova família. Sem disputas. Sem traumas.

Concluíram que, em cativeiro, os lobos eram forçados a ficar juntos, pois foram capturados aleatoriamente na natureza e obrigados a viverem em um espaço confinado. Sem ter para onde migrar, as disputas aconteciam.

Mas em uma casa onde existem vários cães adotados não poderia acontecer a mesma coisa? Afinal, foram "forçados" a conviver uns com os outros.

Nesse caso, a enorme diferença evolutiva entre lobos e cães domésticos fala mais alto do que qualquer similaridade. É como nós, humanos, e os chimpanzés. Temos 99% dos genes em comum, mas aquele 1% faz toda a diferença...

Então como funcionam os cães domésticos?

Um processo de dominância pode existir entre dois cães em relação a um determinado recurso, mas nunca existirá um cão que irá querer se sobrepor a todos os outros e aos seres humanos.

Mas uma nova teoria veio iluminar nossas ideias. Ela aborda o **RHP**, do inglês Resource Holding Potencial, ou, em português, o modelo do **Potencial de Retenção de Recursos**.

Nesse modelo, sugerido pelo pesquisador John Bradshaw, sempre que surge um conflito entre dois cães, eles, de certa forma, "pensam" o seguinte: "Quanto eu quero esse recurso (brinquedo, comida etc.)?" e "Qual é a probabilidade do outro cão vencer se eu lutar com ele?"[21].

---

[21] BRADSHAW, J. *Cãosenso*. Rio de Janeiro: Record, 2012.

Assim, antes de entrar numa disputa por algo, o cão avalia o quanto ele deseja o recurso e quais são as chances de sucesso, caso ele queira realmente ganhá-lo. Se o cão optar por lutar é porque ele avaliou que tem grandes chances de obtê-lo ou, ao contrário, pode avaliar que a luta irá demandar muita energia e não valerá a pena.

Assim, podemos também afirmar que um cão pode querer lutar por um brinquedo (ser "dominante" em relação a ele), mas não dará a mínima pelo pote de comida ou outro objeto qualquer (sendo "submisso" em relação a ele).

Muito interessante também é observar quando um pequeno cão, todo valente, toma conta da casa, não permitindo que ninguém se sente em sua poltrona preferida e nem toque em seus brinquedos. Esse comportamento não tem nada a ver com dominância. Acontece que ouve várias tentativas com mais acertos do que frustrações. Provavelmente, é um cão que avalia muito bem o **Potencial de Retenção de Recursos** e aprendeu que vale a pena latir, brigar e morder pelas suas conquistas, pois, na maioria das vezes em que o dono aproximou a mão do seu brinquedo, ele o mordeu, fazendo com que seu dono a retirasse imediatamente. Ponto para o cão. Comportamento reforçado. Antes de acreditar que seu cão é o dominante da casa, pense que ele é o indivíduo que avalia muito bem o potencial que tem em reter recursos.

O correto é pensarmos que nossa família e nossos cães formam um grupo, que deve ser coeso e cooperativo, havendo muita camaradagem e cumplicidade entre todos.

Pensar no ser humano como o "alfa" da matilha ou o líder da matilha é incorreto. Os cães formam sociedades com os seus tutores e suas famílias – então não tem matilha alguma para alguém liderar.

Pensemos da seguinte maneira: pais ensinam seus filhos o que é certo e errado. Se hoje em dia consideramos nossos cães como nossos filhos, por que pensar diferente? Como tutores, não precisamos ser "líderes" ou "dominantes". Devemos ensinar nossos cães, desde filhotes até a idade adulta, as "boas maneiras caninas", promovendo adestramento adequado, socialização em local e tempo adequado e observar o tempo todo suas necessidades. Assim, podemos entendê-los e melhorar nossa relação com eles. Cães são parte da nossa família e devemos educá-los com dignidade, respeitando sua natureza. Afinal, eles nos dão tanto! O mínimo que podemos fazer por eles é ensinar os limites e dar-lhes o que eles precisam.

14

A DOR

Já tive muitos cães e a morte de cada um deles foi como perder um pedaço de mim. Mas tudo começou com minhas gatas, as primeiras a chegarem.

Uma das gatas chamava-se Tina e éramos muito ligadas. Ela era minha sombra. Aonde eu ia, ela estava atrás. Miava quando queria que eu fosse dormir com ela. Foi um ser muito especial e de luz que passou pela minha vida.

Quando percebi que ela não estava comendo, temi pelo pior. E não poderia ter sido pior.

—Kelen, a Tina tem câncer de pulmão.

Mesmo falando com todo o cuidado, a notícia do Dr. Daniel caiu como uma bomba sobre minha cabeça.

—Como assim, câncer de pulmão?!

Eu estava espantada. Não sabia que os animais podiam ter isso.

—É mais comum do que você pensa. Mas não vamos desistir. Vamos dar o máximo de sobrevida a ela e com qualidade.

O Dr. Daniel, na época, trabalhava na SOS Clínica Veterinária, e ele é um médico raro de se encontrar. Especialista em felinos, ele tem uma ligação enorme com eles. Realmente os ama.

Foi feito um protocolo de tratamento, que incluía a quimioterapia. Mas era óbvio que aquilo não tinha reversibilidade e chegou um momento em que algumas pessoas próximas começaram a me dizer:

—Kelen, ela está sofrendo...

—Fazer eutanásia? – eu perguntava, enfurecida. – Nunca! Jamais farei isso!

A maioria dos médicos veterinários toma muito cuidado em relação a isso. Aqueles que prezam muito pela ética, jamais vão dizer que a eutanásia deve ser feita. É uma decisão muito particular.

O Dr. Daniel não era diferente.

—Daniel, você acha que eu devo fazer a eutanásia?

—Veja, Kelen... Lembra-se do que lhe falei sobre dar a ela uma sobrevida com qualidade? Nós fizemos isso. Mas eu sei que é uma decisão difícil e te apoio naquilo que você decidir.

Eu sabia o que tinha que fazer, mas não tinha coragem.

Tina já estava exalando um cheiro ruim. Foi quando minha irmã me deu um ultimato.

—Agora chega! Você não vai mais submetê-la a isso! Vou ligar já para o Daniel e vamos para a clínica!

Eu não tinha mais forças e concordei.

—Só deixa eu ficar com ela mais meia hora, por favor.

Minha irmã, em respeito, retirou-se calmamente do quarto.

Foi, então, que toda a minha dor veio à tona. Foi quando percebi que ela não estaria ali para dormir comigo logo mais a noite e nem nunca mais.

Pedi desculpas pelo que estava fazendo e a abracei sem querer sair mais dali.

Foi então que, uma hora depois, minha irmã entrou no quarto, pegou a Tina no colo e perguntou:

—Você vem comigo ou vou sozinha?

Para ela também não foi fácil, mas ela tinha que ser dura comigo naquele momento.

—É óbvio que eu vou! Ela não vai passar por isso sozinha!

Ao chegarmos à Clínica, o Dr. Daniel já estava nos esperando e com toda a serenidade nos explicou o que aconteceria.

—Não se preocupem. Ela não vai sentir nada. Primeiro, vou dar uma injeção para ela dormir e, em seguida, uma dose maior de anestésico, que fará com que seu coração pare de bater. Ela estará dormindo e não sentirá nada, nenhuma dor.

HISTÓRIAS DE UMA ADESTRADORA

Peguei na patinha dela e fiquei observando atentamente tudo que o Dr. Daniel fazia.

Ele passou algodão com álcool na pele, aplicou a primeira injeção e, depois, a segunda. Elasefoi tranquilamente.

Ele nos deixou com ela por alguns minutos para nos despedirmos.

—Vocês estão bem? – perguntou, ao entrar na sala.

—Sim. Obrigada por tudo, Daniel. Você fez tudo que podia.

Mas antes de sair da sala me lembrei de algo que ele fez e que me chamou a atenção.

—Daniel, posso te perguntar uma coisa?

—Claro. O que quiser

—Quando você foi aplicar a injeção, você passou algodão com álcool no local. Por quê? Não seria mais necessário esterilizar nada.

A resposta dele foi simples, mas caiu como uma bomba sobre mim.

—Por respeito, Kelen. Só por respeito.

Chorei copiosamente no carro até chegar em casa. As palavras do Dr. Daniel não saíam da minha cabeça. Respeito!

Comecei a perceber que eu não tive respeito por ela ao prolongar tanto seu sofrimento.

Nos dias subsequentes, uma culpa enorme se abateu sobre mim e não sabia o que fazer com aquele sentimento. Foi, então, que caí em depressão. Só voltei ao trabalho e às minhas atividades normais 10 dias depois.

Como já disse anteriormente, tive muitos cães depois disso e sempre que uma doença fatal acontece, penso naquelas palavras. Respeito. Só respeito.

Não prolongo mais aquilo que não tem retorno. É uma decisão muito particular. Outros podem não concordar e também entendo. Mas, para mim, aqueles seres que nos dão tanto sem pedir nada, não merecem ter seu sofrimento prolongado.

De qualquer maneira, o luto existirá. E é inevitável passar por ele.

O LUTO HUMANO E CANINO

O LUTO PARA OS HUMANOS

Para nós, humanos, como seres racionais, é legítimo sentir luto com a morte do nosso animal de estimação?

Nossa sociedade ainda não vê com bons olhos o fato de sentirmos nosso pet como membro da família e quando se trata da dor pela morte deles, o preconceito é ainda maior.

Os psicólogos chamam o luto por animais de "luto não reconhecido" ou "luto não autorizado", pois foge às normas socialmente estabelecidas. É comum ouvirmos de algumas pessoas: "Você está chorando por causa de um bicho?", "Compre outro", "Mas era só um cachorro!".

O fato de a sociedade ainda não reconhecer esse tipo de luto dificulta ainda mais o processo de perda, pois acabamos sentindo vergonha do nosso sentimento e tentamos escondê-lo. A negação do sentimento pode só piorar o processo da perda.

Felizmente, já é comum, em grandes cidades, empresas especializadas no funeral de pets, desde a remoção do corpo, seja em casa ou em clínicas veterinárias, o sepultamento ou cremação, e até mesmo o velório, se for da escolha da família. Os rituais de despedida, como acompanhar um enterro ou cremação dignamente, fazem com que nossos sentimentos sejam respeitados e acolhidos, o que é importante para o processo de luto.

Nossos animais de estimação têm uma profunda ligação afetiva conosco, muitas vezes maior que a ligação que temos com pessoas próximas. Sua presença nos traz alegria, companhia, segurança e até mesmo um sentido de vida.

Portanto, quando ocorre sua morte, é natural que um vazio se instale, como se um filho tivesse partido. Nossa rotina muda, hábitos são interrompidos e um suporte emocional cessa. É impossível passar pela morte de alguém tão importante assim sem sentir o mesmo luto quando perdemos um ente querido da nossa família humana.

QUAIS SÃO AS FASES DO LUTO?

Negação e choque: muitas vezes, quando nosso pet está em fase terminal ou em um risco grande de morte, tendemos a negar o fato, achando que ele voltará a ficar bem, mesmo sabendo da irreversibilidade da doença. Quando o animal morre, ocorre um choque profundo e começamos a nos perguntar o que poderíamos ter feito a mais, em que erramos e outros questionamentos semelhantes.

Raiva: é o momento em que tendemos a culpar os outros pela morte de nosso animal, seja o veterinário que não conseguiu salvá-lo, seja um parente ou até mesmo o próprio animal.

Culpa: é quando assumimos inteiramente a "culpa" pela sua morte, questionando, por exemplo, se escolhemos o profissional certo, se demos uma vida saudável ou não para ele, se tivemos os cuidados necessários. Quando o processo de morte passa pela autorização de uma eutanásia, esta fase é muito comum. O dono se pergunta se deveria mesmo ter autorizado ou, ao contrário, se prolongou demais o sofrimento de seu pet.

Depressão: às vezes, o sofrimento é tão intenso que nos sentimos "sem chão". A tristeza toma conta e não conseguimos sair dela. Este é um momento delicado e não podemos nos furtar de procurar ajuda, seja de um amigo ou de um profissional.

Aceitação: este é um momento marcado pela calma e paz. É quando aquietamos a mente e encontramos um lugar aconchegante para nosso amigo em nosso coração.

É importante lembrar que o processo de luto é único para cada pessoa. Podemos ou não passar por todas as fases. Isso não quer dizer que não amamos nosso animal ou que não damos importância a ele.

Existem algumas orientações que podem ajudar a passar pelo processo do luto.

1. Não se questione se é correto sofrer pelo seu animal.

Não interessa o que os outros pensam. Permita-se viver e passar pela dor. O luto é necessário para o processo de superação.

2. Evite se culpar pela morte do seu animal.

Certas situações da vida estão fora do nosso controle. Aceitar o inevitável silencia os pensamentos ruins.

3. Compartilhe seus sentimentos com amigos.

Falar sobre o que ocorreu e sobre suas emoções com pessoas que também já passaram por isso o ajudará a amenizar a dor.

4. Organize um funeral, um memorial ou apenas um álbum de fotografias para seu pet.

Lembrar o quanto seu amigo foi importante, organizando os momentos especiais, é uma forma de homenageá-lo e acalmar o coração.

5. Adote outro animal.

Considere a possibilidade de ter outro companheiro em sua vida. Mas tudo tem seu momento certo. Não se apresse. Permita-se passar pelo luto, sentir saudades e até mesmo não querer outro animal. Quando você estiver pronto, isso ocorrerá naturalmente.

Respeite seu luto e sua dor, pois eles são únicos a nós. Não se compare a outras pessoas, cada um sabe a importância e o significado que seu animal teve em sua vida.

O tempo é fundamental para o restabelecimento da ordem nos sentimentos.

Como diz Silvana Aquino, "Quando um animal de estimação morre, uma parte de nós precisa se reorganizar para conviver com sua ausência".

Então, acolha suas emoções e sinta. Assim, a aceitação virá com a suavidade das boas lembranças.

O LUTO PARA OS CÃES

Eles podem sentir tristeza, saudades ou depressão por um amiguinho ou pelo tutor que já se foi?

HISTÓRIAS DE UMA ADESTRADORA

Temos inúmeros exemplos de cães que esperam por muito tempo por seu tutor que faleceu e até mesmo ficando sob seu túmulo por semanas. Talvez o exemplo mais famoso seja do cão Akita Hachiko, do filme "Sempre ao seu lado".

Nem todos os cães reagem da mesma maneira, assim como nós, humanos. Mas não é incomum o cão apresentar tristeza, prostração, parar de comer e beber, uivar, latir em demasia, ter movimentos compulsivos, destruição fora do normal e até mesmo uma depressão profunda, que pode levar à morte.

Os pesquisadores ainda não têm certeza se o cão sabe conscientemente que seu amigo ou seu dono morreu ou apenas sofrem com a ausência. Alguns parecem ter uma percepção maior do que é a morte.

A Tanatologia comparativa é uma disciplina que estuda a morte e suas práticas envolvidas. No entanto, até o momento, esse estudo é quase exclusivo às atividades humanas. Ainda é incipiente o estudo de como os animais lidam com a morte.

Sabe-se que a compreensão da morte envolve quatro componentes:

1. A inevitabilidade: é a consciência de que todos os seres vivos morrerão um dia.

2. A irreversibilidade: uma vez morto, o indivíduo não pode retornar a vida.

3. Não funcionalidade: depois de morto, o indivíduo não pode perceber, sentir, pensar ou agir.

4. Causalidade: compreender que a falência dos órgãos vitais causa a morte.

Somente a partir dos 10 anos de idade é que o ser humano é capaz de compreender esses quatro componentes em sua totalidade.

Os primeiros estudos da Tanatologia nos animais basearam-se na observação de alguns exemplos pontuais, como o caso da baleia, que carregou seu filhote morto por 17 dias até que, finalmente, largou-o.Os cientistas viram nesse comportamento uma maneira de sofrimento.

Os elefantes, por exemplo, são conhecidos por terem uma relação ritual com os ossos de seus falecidos e por lamentar a morte de parentes. Uma dessas explorações rituais de ossos foi capturada em vídeo em 2016, por um estudante de doutorado, que estudava elefantes na África. Membros de três diferentes famílias de elefantes foram visitar o corpo de uma falecida matriarca, cheirando, tocando e passando repetidamente pelo cadáver[22].

Os chimpanzés também têm sido observados quanto à forma como lidam com seus mortos. Observou-se que em um grupo de chimpanzés em cativeiro, sua matriarca morreu e os demais chegaram perto, checaram seus sinais vitais e limparam seu pelo com palha.

Inúmeras outras observações foram feitas, o que levou alguns cientistas a concluírem que dos quatro componentes de que um ser humano tem ciência sobre a morte, os animais que têm grande capacidade cerebral e que têm repetidas experiências de morte em sua sociedade, compreendem apenas dois, que **são: a Irreversibilidade e a Não funcionalidade. Ainda é desconhecido o fato se eles conseguem perceber que todos os seres vivos vão morrer um dia e as causas biológicas da morte.**

No entanto é quase unânime a ideia de que os animais domésticos, como os cães e gatos, tendem a sentir mais a morte do que qualquer outro animal na natureza. Mas será verdade ou é apenas nossa impressão por estarmos extremamente ligados a eles e, portanto percebemos melhor seus sentimentos?

O fato é que eles têm a capacidade de ficar tristes, deprimidos **e até mesmo morrerem pela falta que seus companheiros fazem.** "Ainda não sabemos se sentem o luto com toda a sua complexidade, mas é fato que ficam tristes", é o que afirma o veterinário e etólogo Mauro Lantzman.

A Sociedade Americana para Prevenção da Crueldade aos Animais (SPCA) conduziu uma pesquisa em 1996, chamada Companion Animal Mourning Project (Projeto de Estudo do Luto em Animais de Companhia).

O estudo, que foi realizado com cães, descobriu que:

---

[22] Disponível em: www. vegazeta.com.br/sim-os-animais-ficam-de-luto/. Acesso em: 20 dez. 2019.

HISTÓRIAS DE UMA ADESTRADORA

- 36% dos animais comiam menos que o habitual após a morte de um animal companheiro.

- 11% pararam completamente de se alimentar.

- 63% vocalizaram mais que o normal ou se tornaram mais quietos.

- 66% dos cães demonstraram, no mínimo, quatro mudanças comportamentais após perderem um animal de companhia.

Além disso, o estudo indicou que os cães que sobreviviam à perda de outros mudavam a quantidade de horas de sono e o local onde dormiam. Mais da metade desses animais tornaram-se mais afetuosos e apegados aos seus tutores.

E o que podemos fazer para minimizar o sofrimento deles?

1. Deixe seu cão ver o corpo do amiguinho dele. Isso pode melhorar seu entendimento de que seu companheiro está morto e lidar melhor com a perda.

2. Mantenha sua rotina normal. Mantenha os horários de refeição e passeios, mas aumente um pouco sua atividade física.

3. Se ele estiver com falta de apetite, coloque um pouco de ração úmida ou algodeque ele goste muito para estimular o apetite. Se ficar sem comer mais de dois dias, leve ao veterinário.

4. Caso a morte tenha sido de outro cão, não retire imediatamente sua caminha e suas coisas. É importante que seu cão sinta o cheiro do companheiro por um tempo para acalmá-lo.

5. Dê mais carinho e atenção. Ele também precisa de conforto emocional.

6. Tenha paciência. Ele tem um tempo para sentir a tristeza, assim como nós. Se o tempo for muito longo, com uma mudança expressiva de comportamento, consulte um veterinário e um adestrador.

7. Se a morte for do tutor, você, como parte da família, deve manter a rotina que o antigo dono tinha com o cão e fazer outras atividades que estreitem seus laços com ele.

Como já vimos em artigos anteriores, o cão é um animal senciente, ou seja, ele sente toda a espécie de sentimentos – tristeza, alegria, dor, frustração etc. Então, com certeza, algum tipo de luto ele deve sentir, o que é mais um motivo para os respeitarmos e tê-los como nossos melhores amigos.

Como disse Charles Darwin: "As diferenças de complexidade entre a mente dos seres humanos e dos animais são apenas em grau, não em gênero".

15

PRISÃO DE LUXO

Mel era uma Labrador de cor chocolate de 1 ano e meio e cheia de energia.

Quando me chamaram dizendo que tinham uma Labrador muita agitada e que não estavam dando conta, quase que eu disse: "Me conte outra coisa". Labradores são naturalmente ativos, curiosos, inteligentes e cheios de amor para dar. O tutor de um cão assim tem que saber que terá que suprir essas necessidades, que lhes são básicas.

—Vou te mostrar o quintal, Kelen.

A casa da tutora Sandra era enorme, com um jardim imenso na frente e, ainda, com um quintal nos fundos. Aquela cachorra tinha tudo para ser feliz ali.

Realmente, o quintal era muito grande, mas não estava vendo a Mel.

—Onde ela está? – perguntei.

—Ali. No canil. – Sandra apontou para um canto.

Meus olhos arregalaram e perguntei:

—E o que ela está fazendo lá?

—Eu lhe disse que ela é terrível! Não tem condições de tirar de lá. Ela pula, faz buraco, tira as roupas do varal, tenta entrar em casa. Um horror!

—Sandra, ela tem um pouco mais de 1 ano. É jovem. Quanto mais você deixá-la dentro do canil, mais agitada ela fica quando sai...

Para mim, era um tanto óbvio...

—Mas é por isso que chamei você. Para dar um jeito nela.

Pronto. Mais uma pessoa achando que adestrador faz milagres ou que tem uma varinha mágica e... plim! Tudo dá certo, sem ninguém precisar fazer nada.

—Abre o canil – falei, para que o "furacão" gastasse um pouco de energia.

Mel veio ao nosso encontro, pulando feito uma pipoca, com sua tutora aos berros.

—Pare, Mel! Saia! Tá me sujando!

Pulou em mim também, lambendo-me, correu umas 10 voltas no gramado, e já com a língua de fora veio cheirar minha mochila.

—O que você achou aí, garota? Tem alguma coisa legal?

Imediatamente, a tutora gritou para ela sair e não mexer em nada.

—Não, Sandra! Deixe! Ela está explorando. Tem petiscos, brinquedos e cheiro de outros cães na mochila.

Então, tirei uma bolinha e joguei bem longe. De imediato, saiu em disparada, pegou a bolinha, brincou um pouco com ela e a trouxe novamente para mim. Até hoje não vi nenhum Labrador que não goste de bolinhas e Mel não era exceção.

—Quantas vezes vocês passeiam com ela por semana?

Na verdade, eu tinha certeza de que a resposta seria uma das três opções:

a.   Nenhuma.

b.   O cachorro é do meu filho.

c.   O que é passear?

—Eu, nunca. Mas acho que meu filho já saiu algumas vezes.

—OK. Farei o adestramento básico, mas antes preciso de uma reunião com todos vocês para explicar o que será feito e qual exatamente será a parte de vocês. Aliás, a responsabilidade maior é de vocês.

Obviamente, a reunião foi cheia de confusão, pois ninguém queria assumir nada. A vontade que eu tinha era de pegar a Labrador e ir embora, mas se eu fizer isso toda vez que encontro pessoas não preparadas para ter um cão, eu teria que morar em uma chácara.

HISTÓRIAS DE UMA ADESTRADORA

Enfim, chegaram a um acordo. Mel aprendeu tudo muito rapidamente, mas os passeios ainda eram escassos e isso estava atrapalhando tudo.

—Kelen, a Mel está terrível! Tá fazendo buraco, quando a gente chega ela quer entrar de qualquer jeito e agora começou a morder o para-choque do carro do Rafael!

Ouvi todo o relato da tutora, respirei fundo e disse:

—Acho que eu não preciso explicar o que está acontecendo, preciso?

De repente, aquela impetuosidade por falar diminuiu e quase sussurrando, disse:

—Eu sei que ela precisa passear mais vezes, mas eu não consigo fazer tudo sozinha.

—Então use de sua autoridade de mãe! Distribua tarefas! Discipline ou corte as regalias. Todos têm que ajudar!

Acho que mexi em algum ponto nevrálgico, porque tudo mudou da água para o vinho.

Os meninos fizeram todas as aulas de passeio e seguiram à risca todas as tarefas. Procurei fazer com que fosse divertido para eles também e não só uma obrigação.

Eles passeavam com a Mel de bicicleta e skate e mostravam os truques que ensinei para os amigos.

Esse foi um trabalho bem interessante de fazer, pois o ponto de virada foi quando todos se envolveram efetivamente, inclusive a matriarca, aprendendo a exercer a autoridade sobre seus rebentos.

VAMOS PASSEAR?

É de amplo conhecimento que andar com o cão só traz benefícios para ambos. A qualidade de vida começa com uma alimentação adequada e exercícios regulares. Isso vale tanto para nós, humanos, como para nosso pet. Passeios diários mantêm o tônus muscular, diminuem as chances de obesidade, liberam hormônios antiestresse, aumentam a ligação entre dono-cão e o sistema digestivo funciona melhor.

Kelen Sbolli

Quer mais alguns motivos?

O sentido mais agudo do cachorro é o olfato. É cheirando que ele "enxerga" o mundo e, assim, estimula também o cérebro. Eles possuem, em média, 200 milhões de receptores olfativos nasais contra aproximadamente cinco milhões dos seres humanos[23]. Os cães podem sentir odores em concentrações quase 100 vezes menor que o ser humano. Isso equivale a dizer que eles conseguem perceber, pelo olfato, uma gota de sangue em cinco litros de água!

Então imagine o que eles podem sentir quando passeiam! O simples farejar a grama ou a calçada pode proporcionar a eles uma enorme variedade de informações. Quando seu cão cheira as fezes de outro cão durante o passeio, ele consegue identificar se o "dono" daquele cocô é macho ou fêmea, se está no cio ou não, se está doente ou não, e mais uma infinidade de informações. Estimular o olfato do seu cão durante o passeio fará também com que ele reconheça melhor o ambiente das proximidades.

O cão que não passeia fica com excesso de energia acumulada e isso se traduz em cães ansiosos e destruidores. Enfim, são cães neuróticos! Um estudo realizado nos USA, concluiu que cães que passeiam diariamente latem substancialmente menos que cães que não caminham, indicando que são menos estressados[24].

A sociabilidade do seu cachorro está intimamente ligada à frequência e à qualidade dos passeios. Para o cão que não costuma sair, o mundo parecerá sempre ameaçador, a aproximação de pessoas ou outros cães desconhecidos fará com que ele entre em modo de alerta total e o medo gerado pode fazer com que ataque, como forma de defender-se de uma agressão imaginária. Quanto mais cedo seu cão sair para passear, mais facilmente ele aprenderá a conviver com outras pessoas e outros animais de maneira saudável, sem medo e sem agressividade.

Que os cães se socializam melhor quando passeiam bastante parece lógico, mas um estudo realizado no Canadá comprovou que as pessoas são mais propensas a interagirem com alguém que está

---

[23] LOURENÇO, F. D. *et al.* Sensibilidade olfatória em homens e cães:um estudo comparativo. *Arq. Med.*, 2007.

[24] CUTT, H. *et al.* I'm Just a walking the dog correlates of regular dog walking.*Familly and Community Health*, 2008.

com um cão do que com alguém sozinho; e aqueles que conversavam com as pessoas enquanto passeavam se sentiam menos solitários, além das conversas serem leves e casuais. E o melhor: até mesmo aqueles que não conversavam com ninguém durante os passeios relataram que se sentiam relaxadas, pois aproveitavam o momento com o cão para refletir[25].

Não importa qual o tamanho do seu quintal, isso não é motivo para não passear com seu cão. Seu quintal pode ter o tamanho de um campo de futebol, mas para seu cachorro ele é apenas um grande canil. Obviamente, é importante ter um espaço adequado para seu pet, mas é um espaço que ele já conhece. Cada canto do seu quintal já foi farejado pelo seu cão, ele tem até esconderijos para seu brinquedo favorito ou para aquele osso que deixou para comer depois. Não tem novidade. Não tem mais atrativos. Se ficar lá dia após dia, sem nunca sair para conhecer outros lugares, o estresse tomará conta dele, a frustração irá se instalar, e a maneira como isso aparece é na mudança de comportamento. Buracos no jardim, plantas que são arrancadas sistematicamente, destruição de tudo que puder alcançar, latidos incessantes para qualquer coisa, comportamentos compulsivos, como lamber a pata ou morder o rabo, pular em todos que chegam perto dele e, ao menor vacilo de um portão aberto, fuga.

Mas o passeio não pode ser feito de qualquer jeito. Ele deve ser prazeroso tanto para ele quanto para você.

Começando pelo equipamento adequado. Guias de, no mínimo, 1,5 m, e peitoral de treinamento (o elo para enroscar a guia fica na parte da frente, no peito do cão). Não utilize peitorais cujo elo fica nas costas do cão, pois eles favorecem os puxões e você não quer que o seu cão leve você para passear, correto? Mas se o seu cão puxa demais, não tente resolver o problema sozinho, pois poderá se frustrar. Chame um adestrador e ele treinará o seu cão para andar calmamente ao seu lado e orientará você como proceder no passeio. Não utilize enforcador ou outro tipo de material que possa machucar seu cão sem a orientação de um profissional. Seu cão deve estar sempre de coleira, seja de couro ou outro material confortável. A coleira não deve ser utilizada para prender a guia, pois

---

[25] Disponível em: www.alexandrerossi.com.br/noticias/passeio-com-o-cachorro-tornando-este-momento-especial/185/. Acesso em: 20 dez. 2019.

Kelen Sbolli

ela sai facilmente. A utilidade da coleira é para segurar seu cachorro em caso de emergência e para deixar pendurada uma plaquinha de identificação com o nome dele e um número de telefone. Acidentes acontecem e, em caso de fuga, seu cão poderá ser encontrado mais facilmente.

O passeio basicamente tem duas partes. Assim que sair, deixe seu pet fazer as necessidades fisiológicas dele e cheirar um pouco. Em seguida, ande alguns minutos em ritmo de caminhada para exercitá-lo. Depois, faça uma longa parada para que ele possa exercitar também o faro. Faça isso seguidamente. Ao encontrar outro cão, e se o seu peludo não for agressivo, afrouxe a guia para que eles possam se cheirar e se conhecer. Não deixe a guia tensa porque seu cão pode entender que esse é um momento perigoso, pois você o está puxando para trás. Isso pode deixá-lo nervoso e gerar uma ansiedade em relação ao outro cão, que poderá acabar em agressão. Se é você quem está tenso, respire. Fique calmo. A guia representa um fio condutor entre você e seu cão. Ele vai sentir o que você está sentindo.

Nunca, jamais, saia com seu cão sem guia! Por mais obediente ou treinado que ele seja, lembre-se que o racional da dupla é você. Um barulho inesperado, uma cadela no cio ou outro estímulo qualquer pode fazer com que ele se assuste e atravesse a rua, podendo ser atropelado. O susto também pode fazer com que fuja ou morda alguém. O ideal é que você encontre um lugar cercado e seguro para soltá-lo e fazer com que corra livremente. Se ele for agressivo, use focinheira, mas não deixe de passear! As focinheiras em forma de cone (normalmente, utilizada em clínicas veterinárias) não são as ideais uma vez que não permitem que o cão abra a boca, dificultando a respiração. De preferência, utilize as focinheiras de silicone, com espaço grande entre as hastes e que, além de amarrar no pescoço, possua também uma alça para prender na coleira. Assim, ele não conseguirá tirar.

Os passeios diários devem ter, no mínimo, 30 a 40 minutos. Escolha um horário que não esteja tão quente. Nada de passeio no horário de almoço ou no meio da tarde. Use o bom senso. O suor é um mecanismo que temos para equilibrar a temperatura. Quando suamos, resfriamos nosso corpo. A maneira como o cão sua é dife-

HISTÓRIAS DE UMA ADESTRADORA

rente. Ele não possui tantas glândulas sudoríparas quanto os seres humanos. Elas estão concentradas nos coxins (planta das patas, por isso aquele "chulezinho"). Arfar deixando a língua para fora também é uma maneira de regular a temperatura. Portanto leve água na caminhada e ofereça a ele sempre. A hipertermia pode matá-lo! Os coxins são partes do corpo muito sensíveis. O chão muito quente pode fazer feridas em suas patas! Se você está com dúvida sobre a temperatura do chão, fique descalço. Se for confortável para você, também será para ele. Procure não usar sapatinhos. Os cães precisam sentir o chão, a grama e trocar energia.

Troque frequentemente de trajeto para que seu cão explore novos cheiros e sons. Todos os cães devem passear, não só os de grande porte. As necessidades são as mesmas, independente do tamanho. Obviamente, um cão pequeno irá caminhar menos do que outro de porte maior.

Aproveite o passeio para estreitar laços com seu pet. A comunicação entre vocês irá melhorar, a obediência irá melhorar e você vai passar a conhecê-lo melhor à medida que observa seu jeito, as coisas que gosta de explorar e a maneira como o faz. Depois do passeio você verá gratidão nos olhosdelee tenha certeza de que, só por isso, já terá valido a pena.

16

um pequeno intruso

Quando fazemos um treino na rua de proteção pessoal podem ocorrer imprevistos, como uma aglomeração de pessoas observando o que vai acontecer, pessoas achando que é de verdade e, às vezes, uma plateia canina.

Foi assim no treino para "saidinha de banco" que fizemos com o cão Bruxo, um mix de Pastor Alemão e Pastor Belga Malinois.

—Hoje você vai curtir, garotão!

Bruxo já ficava todo agitado quando via os preparativos para sair. Ele adorava treinar. Em qualquer hora e em qualquer lugar.

Como sempre fazemos, os donos participam de todos os treinamentos e, nesse dia, quem iria conduzir era a tutora Eva e seu filho Junior.

—O que vai ser hoje, tia?

Junior sempre ficava animado quando saíamos para treinar. Ele achava o máximo ter um cão que o protegia de qualquer coisa. Realmente, era para ter orgulho daquele peludo.

—Hoje, você e sua mãe vão ao caixa eletrônico junto com o Bruxo e eu vou abordar vocês na saída para assaltá-los.

—Que massa, tia! Ele vai te morder?

—Vai sim – falei rindo e olhando para Eva.

Chegamos ao banco escolhido e começamos a preparar as coisas. É sempre nesse momento que as pessoas ficam curiosas e param para ver o que está acontecendo. Mas nesse dia foi diferente.

—Eva, acho que hoje não estamos dando "ibope". Não tem ninguém olhando – falei rindo

—Tem sim. Olha só esse carinha...

Quando me virei, vi um cãozinho parado ao lado de Eva e Junior, acariciando-o.

—Oi, rapazinho! Veio aprender como se faz?

Eu o afaguei e continuamos nos preparando.

Quando nos dirigimos ao banco, o pequeno cão nos seguiu todo animado. Fizemos todo o treino com ele por perto.

Então perguntei a um senhor que cuidava dos carros se conhecia o dono daquele pequeno.

—O amarelo? Ele tá aqui faz tempo, junto daquele cachorrão preto que está do outro lado da rua. Eu sempre dou comida para eles porque tenho pena.

Foi, então, que olhei novamente para o cachorrinho e pensei: "Esse cachorro já teve dono". Não disse nada. Apenas pensei.

Terminado o treino, seguimos para o carro. Obviamente, o Amarelo foi junto, e quando abri a porta, ele pulou para dentro como se estivesse acostumado a andar de carro.

Levei um susto, pois não esperava isso.

—Rapazinho, você não pode ir junto...

Com cuidado, peguei-o e o deixei do outro lado da rua. Manobrei o carro e seguimos.

Então, quando olhei pelo retrovisor, levei o maior susto! O cachorrinho estava correndo com todo seu fôlego atrás de nós! Imediatamente parei, coloquei uma guia no pequeno e o levei de volta.

—Senhor! Por favor, fique segurando a guia enquanto nos afastamos porque ele está indo atrás de nós.

Um tanto sem vontade, ele segurou.

No caminho de volta, um morador que havia visto toda a cena me chamou e disse:

—Tenho dó desse cachorro. Ele sempre corre atrás dos carros das pessoas que dão atenção para ele.

Nesse momento meu coração quase parou!

Aquele doce ser tinha sido abandonado! Ele já tivera um lar, foi amado, porque era muito manso e amoroso, e, um dia, por algum

HISTÓRIAS DE UMA ADESTRADORA

motivo, alguém de sua família humana o colocou no carro, parou em algum lugar e o deixou lá.

Fiquei imaginando o que ele teria sentido no momento do abandono. Deve ter olhado o carro partir e, provavelmente, correu atrás dele até cansar. De repente, viu-se sozinho em um lugar estranho e um grande vazio começou a tomar conta dele.

Deve ter andado muito, passado fome, mas seu jeito carinhoso e manso cativou algumas pessoas, que lhe davam comida. Assim tinha sido sua vida até aquele momento. Porém, quanto tempo ainda resistiria nas ruas? Não por muito mais tempo, certamente...

Eva percebeu minha tristeza e falou:

—Vai levá-lo, Kelen?

—Não dá, Eva... Já tenho muitos cães em casa. Não comporta mais um.

Calamo-nos e um silêncio profundo tomou conta de todos. Acho que até o Bruxo estava refletindo sobre o sentido de tudo...

O ABANDONO DE CÃES

No Brasil, um cão abandonado nas ruas sobrevive, em média, por dois anos. Bem aquém da média de vida, de 10 a 15 anos. Os principais motivos da morte prematura quando um cão é abandonado nas ruas são:

1. Atropelamento.

2. Viroses diversas (cinomose, parvovirose, lepstospirose).

3. Doenças de carrapato (erliquiose).

4. Agressão de humanos.

5. Briga entre cães.

A Organização Mundial da Saúde estima que, só no Brasil, existam mais de 30 milhões de animais abandonados, entre 10 milhões de gatos e 20 milhões de cães! Em cidades de grande porte, para cada cinco habitantes há um cachorro. Destes, 10% estão abandonados. No interior, em cidades menores, a situação não é muito diferente. Em muitos casos, o número chega a 1/4 da população humana. Estima-se que de cada 10 cães presentes nas ruas, oito já tiveram um lar!

Quais são os principais motivos para o abandono?

- 20% –O cão é destrutivo dentro de casa.

- 18,5% –Suja muito a casa.

- 12,6% –É destrutivo fora de casa.

- 11,6% –Tem o vício de fugir de casa.

- 11,4% –É ativo demais.

- 10,9% –Requer muita atenção.

- 10,7% –Late ou uiva muito.

- 9,7% –Morde.

- 9% –É desobediente.

Há, ainda, outras "desculpas" muito usadas:

- Mudança para apartamento.

- A criança é alérgica a pelos.

- Viagens.

- Falta de tempo.

- Falta de recurso financeiro.

- Separação do casal.

O perfil dos cães abandonados é: mais velhos, de maior porte e ninhadas inteiras de filhotes. Além disso, os meses em que mais se observa o abandono são de novembro a março, que é o período de festas e férias de verão, quando as famílias viajam mais. Entre as raças mais abandonadas estão:

- Vira-latas.

- Collie.

- Dálmata.

- Pitbull.

- Akita.

- Pastor Alemão.

- Pug.

- Buldogue francês.

- Chow-chow.

- Husky.

- Shih Tzu.

- Poodle.

- Lhasa.

O Brasil possui 52 milhões de cães e, destes, apenas 41% foram adotados e apenas 40% dos donos castram seus cães.

Em face desse quadro de abandono, o que podemos fazer para diminuir esses números?

Mais do que exigir das autoridades, temos que olhar para o que nós, cidadãos, podemos fazer.

Tudo passa pela guarda responsável, tema já abordado aqui. Vamos rever alguns itens importantes:

- Quando for comprar ou adotar um cão, tenha certeza de que você tem condições financeiras para tratá-lo de maneira adequada, fornecendo abrigo, alimentação, veterinário, tempo suficiente para passeios e brincadeiras e adestramento. Um cão vive, em média, 12 anos.

- Pesquise sobre a raça do cão: que tamanho ficará, quais são os hábitos e personalidade.

- Certifique-se de que você tenha com quem deixá-lo quando viajar ou condições de pagar um hotelzinho.

- Identifique seu cão com plaquinha de identificação. Isso é fundamental!

- Castre seu cão. Tanto as fêmeas quanto os machos. Isso evitará doenças, gravidez indesejada e fugas, que podem acabarem atropelamento, o cão se perder ou gerar mais filhotes, que acabarão nas ruas.

- Se possível, adote um cão. As ONGs de proteção animal estão sempre lotadas, sem recursos e, muitas vezes, os animais não têm alimentação suficiente, gerando um sofrimento contínuo.

Lembre-se também de que abandonar um animal é crime regulamentado pela Lei nº 9605/98, que em seu artigo 32 determina detenção de três meses a 1 ano e multa a quem praticar ato de abuso, maus-tratos, ferir ou mutilar animais silvestres, domésticos ou domesticados, nativos ou exóticos, ou realizar experiência dolorosa ou cruel em animal vivo, sendo a punição aumentada de um sexto a um terço se ocorrer morte do animal.

Se presenciar alguém abandonando um cão, fotografe ou filme e denuncie na delegacia mais próxima.

O que caracteriza maus-tratos a um animal?

- Abandonar, espancar, golpear, mutilar e envenenar.

- Manter preso permanentemente em correntes.

- Manter em locais pequenos e anti-higiênicos.

- Não abrigar do sol, da chuva e do frio.

- Deixar sem ventilação ou luz solar.

- Não dar água e comida diariamente.

- Negar assistência veterinária ao animal doente ou ferido.

- Obrigar a trabalho excessivo ou superior a força dele.

- Utilizar animal em shows que possam lhe causar pânico ou estresse.

- Promover violência, como rinhas, etc.

Enfim, um animal bem cuidado, castrado e vacinado vai trazer muita alegria para você e sua família. Ele será seu melhor amigo, ou, talvez, mais um filho. Mas só adote se tiver certeza! E não dê animais de presente. Se seu filho quiser um cão, lembre-se, é você que terá que cuidar dele, até mesmo para dar o exemplo. Cuidando bem do seu cão, toda a sociedade se beneficia!

17

UMA DAMA CANINA

Dama era uma Daschund de aproximadamente 4 anos. Ela foi adotada com 2 anos, de um abrigo de cães.

Quando a vi pela primeira vez fiquei impressionada com o tamanho da cicatriz que ela tinha, que saía do alto da cabeça até perto da boca.

—Você sabe o que aconteceu com ela, Elisa?

Elisa era uma tutora muito carinhosa e preocupada com sua cachorra. Como trabalhava em casa, as duas tinham uma ligação muito forte, pois ficavam a maior parte do tempo juntas.

—Quando ela chegou ao abrigo, já estava assim. Eles me disseram que foi recolhida do lixão, muito magra e doente. Na verdade, Dama nunca me deu problema. Ela gosta de passear, mas tem muito medo de outros cães e, dependendo do cão, tenta atacar. Não posso mudar muito o trajeto porque ela sabe as casas que têm cães e empaca. Não anda de jeito nenhum!

Visivelmente, isso estava afetando os passeios e a paciência de Elisa.

—Certo. Mas antes de sairmos para eu ver isso, quero que tente se lembrar de tudo quando a adotou. Como ela estava, como era o lugar, como foi sua chegada aqui, como foi a adaptação dela com você e sua família. Enfim, fale tudo que lembrar.

O fato de atacar alguns cães e outros não me fez pesquisar mais a fundo a vida pregressa de Dama e, geralmente, um problema comportamental vem acompanhado de outros. Era importante ficar atenta.

—Ok. Agora vamos ao passeio para eu ver essa ferinha na rua.

Quando Elisa pegou o peitoral e a guia, já vi que ali tinha um problema.

—Elisa, esse peitoral não é adequado. Ele sai facilmente.

—Então vou ter que usar enforcador?

—Claro que não! Vou colocar nela um peitoral adequado e você verá a diferença, tanto na segurança quanto na condução.

Um ar de alívio apareceu na expressão de Elisa.

—Não se preocupe. Não gosto de enforcadores e jamais usaria um em uma cachorrinha tão pequena – falei, sorrindo.

No passeio, pude perceber o medo estampado em Dama em relação aos cães que se aproximavam dela de maneira afoita para cheirá-la. Ela congelava, colocava o rabo entre as patas, orelha para trás e lambia os lábios com frequência – mostrava vários sinais de apaziguamento. E quando um deles ultrapassou seu limite, ela pulou para atacá-lo. Parecia outra cachorra.

—Tá vendo, Kelen? Eu não confio nela! Nunca sei quando ela vai atacar ou não e eu já fico nervosa só de ver um cachorro!

Esse era outro problema. Elisa comunicava sua insegurança e medo para Dama, reforçando sua reação.

Sentamos em uma sombra e enquanto Dama se acalmava, expliquei o que eram os sinais de desconforto que nitidamente ela apresentava e a provável razão para tudo aquilo.

—Mas Kelen, ela veio de um abrigo que tinha centenas de cães. Ela deveria estar acostumada com eles. Inclusive, me disseram que lá ela nunca teve esse comportamento.

Eu já esperava esse questionamento.

—Pense comigo... Ela estava entre centenas de cães, "brigando" por espaço, comida e até atenção das pessoas. Lá, tem cães de todos os tipos: agressivos, possessivos, medrosos, sociáveis, velhos, filhotes. Ela passou por todo tipo de experiência. Boas e ruins. Ainda bem que ela tem um bom temperamento. Não é agressiva. Ela está insegura porque não sabe o que esperar da aproximação de um cão. Isso sem contar com a vida que ela teve antes do abrigo e que não temos a mínima ideia de como foi. Ou melhor, sabemos que boa não foi.

Nesse momento, Elisa olhou para Dama como se estivesse a conhecendo naquele instante.

HISTÓRIAS DE UMA ADESTRADORA

—Outra coisa, Elisa. Você está passando medo e insegurança para ela. Tem que tentar ficar mais calma. Vou te mostrar.

Então, peguei a guia e saí para dar uma volta com Dama.

—Veja, guia frouxa, sem tensão. Ande normalmente, converse com ela. Deixe ela cheirar quanto quiser. O passeio é dela, mas você tem que curtir também. Agora, vou começar a premiar cada pequena aproximação dela a outro cão.

Quando passei a uma distância confortável de outro cão, apertei o clicker e fui dar um petisco. Nesse instante, ela deu um pulo para trás e tentou correr, mas a guia estava firme em minha mão.

Mais um problema. Ela tinha medo do som do clicker.

—Ok, mocinha. Chega por hoje. Vamos voltar.

Expliquei para Elisa a função do clicker e sua importância.

Em outras aulas, tentei dessensibilizá-la para o som, mas sem sucesso. Dama estava associando aquele barulho a alguma coisa de ruim que aconteceu em sua vida. Ela realmente tinha pavor daquilo.

—Elisa, vamos esquecer o clicker. Vou me concentrar só na comida como prêmio, mas tem que ser algo que ela realmente ame!

—Frango! – Elisa falou de imediato.

—Ótimo! Usaremos isso em todas as aulas.

O progresso de Dama foi lento, como era de se esperar. Mas era consistente. Eu coloquei um "muito bem" no lugar do clicker, seguido da premiação com frango cada vez que ela conseguia chegar mais perto de outro cão e sem estresse.

Após algumas semanas, pude observar não só o progresso de Dama, mas de Elisa também. Ela estava mais segura nos passeios e menos ansiosa.

Depois de algumas semanas, o progresso de Dama foi notável! Ela começou até a brincar com alguns cães e também conseguia passar em frente às casas com outros cães latindo sem se incomodar.

Hoje, Dama frequenta uma creche e sua família humana já pensa em adotar outro cão para lhe fazer companhia.

PROBLEMAS COMPORTAMENTAIS EM CÃES ADOTADOS

Adotar um cãozinho de rua é uma sensação das mais gratificantes. Tirá-lo das ruas, onde passou fome, frio, medo e maus-tratos, e lhe dar uma vida digna, é manifestar o que o ser humano tem de melhor, a empatia e a compaixão pelos que mais sofrem.

Porém não temos como prever como será a adaptação desse cão. É tão possível que tudo ocorra bem como também que seja extremamente difícil.

Geralmente, os problemas emocionais começam a aparecer algumas semanas depois que o cão está em sua nova casa. No início, ele provavelmente está se recuperando fisicamente da vida difícil que teve na rua ou em abrigos. Nesse intervalo de tempo ele fica em um estado de completa "submissão", pois além da fraqueza física que sente, ele está sob efeito de um estresse crônico, que o deixa quase congelado perante os estímulos, além de ainda não saber o que está por vir. Conforme o tempo vai passando, ele vai se fortalecendo fisicamente, seu estado estressante vai diminuindo e os vínculos com sua nova família vão se formando. Geralmente, é nesse instante que os problemas psicológicos e comportamentais começam a aparecer.

A ansiedade de separação é um sintoma muito comum. Segundo Riva *et al.*(2008), cães recolhidos de rua ou de abrigos têm maior propensão a desenvolver ansiedade de separação. A sensação de sentir-se novamente abandonado quando está longe de seus tutores faz com que ele manifeste esse comportamento, latindo ou uivando durante o tempo em que fica sozinho.

A agressividade com outros cães também pode ocorrer. A agressividade está relacionada não só à herança genética, mas também às influências ambientais. Cães que viveram muito tempo na rua ou em abrigos superlotados tiveram que aprender a se defender de outros cães, às vezes brigando por comida ou por espaço. Essa experiência negativa faz com que ele reaja agressivamente à presença de outro cão, pois vem à tona em sua memória todas as vezes que lutou e apanhou. Portanto, pela sua memória traumática, a melhor defesa é atacar antes que o outro cão o faça.

HISTÓRIAS DE UMA ADESTRADORA

Agressão por posse também é muito comum. O cão pode rosnar ou até morder quando alguém se aproxima de seu pote de comida, osso, brinquedo favorito ou cama. Isso reflete as experiências traumáticas da rua, quando ele teve que defender seu espaço e a escassa comida que conseguia. Como o cão não tem o mesmo raciocínio crítico que nós, ele não percebe que, da adoção em diante, não lhe faltará mais comida e abrigo, e continua "protegendo" sua comida e seu local.

Outra ocorrência, embora incomum, é a agressividade direcionada a homens, mulheres ou crianças devido a maus-tratos que tenham ocorrido de maneira traumática em relação a um tipo de pessoa.

Um estudo realizado na Irlanda do Norte constatou alguns problemas comportamentais em cães adotados de um abrigo. Os problemas relatados foram: medo (52,4%), hiperatividade (37,4%), destrutividade (24,5%), eliminação inapropriada (21,3%), fuga (13,4%), coprofagia (12,9%), latir excessivamente (11,3%), agressividade direcionada a outros cães (8,9%), agressividade relacionada a pessoas (5,5%) e problemas relacionados à atividade reprodutiva (3,4%)[26].

Obviamente, a realidade dos abrigos nos países de primeiro mundo é mundo diferente da nossa realidade. A grande maioria das cidades brasileiras não tem um plano de ação no que se refere a abrigos para cães resgatados e uma proposta de preparação para adoção. Sendo assim, em nossa realidade, os problemas são muito maiores.

O mais importante de tudo que foi descrito até agora é que, na maioria das vezes, esses problemas comportamentais têm solução. Infelizmente, a maioria dos adotantes não sabe disso e se desfazem do cão ao menor sinal de problemas, muitas vezes devolvendo para o abrigo de onde retiraram, doando para outra pessoa ou, pior ainda, abandonando na rua.

Porém um profissional da área pode rapidamente fazer o diagnóstico adequado e trabalhar os comportamentos indesejados junto à família. Técnicas de dessensibilização, contracondicionamento, ressocialização e outras técnicas específicas, são utilizadas para cada caso. A outra boa notícia é que, muitas vezes, aulas de obediência

---

[26] WELLS, D. L.Prevalence of behaviour problems reported by owers of dogs purchase from na animal resrescue shelter.*App. Anim Behav Sci.*, 2000.

básica podem auxiliar muito na resolução de problemas, pois, ao ensinarmos comandos básicos ao cão e aplicando esses comandos em determinadas situações, o cão fica mais autoconfiante, com mais autocontrole e mais focado, respondendo melhor às técnicas específicas que, por ventura, tenham que ser utilizadas para seu problema.

Portanto se você adotou um cãozinho de rua e ele começou a apresentar algum problema comportamental, não se desespere. Entre em contato com um adestrador para orientação e não se esqueça também de que o principal remédio é o seu amor. A vida nas ruas proporcionou a ele rejeição e violência, e o que ele precisa agora é de seu respeito, amor e atenção.

São incomparáveis a gratidão, a lealdade e a dedicação que um cão adotado tem em relação a sua nova família. Os problemas são temporários porque podem ser resolvidos, mas o amor deles será eterno. Experimente! Adotar é tudo de bom!

18

um CORAÇÃO CHAMADO NADAL

Renata e Victor é um desses casais que a gente se apaixona assim que conhece.

Recém-unidos, perceberam que faltava algo em suas vidas. Um filho? Mais ou menos isso. Um cão.

O cachorro escolhido foi um Labrador.

—Hum... Vocês moram em apartamento. Conhecem essa raça?

Sinceramente, preocupei-me com o futuro daquele cão, pois um Labrador em apartamento exigiria muita dedicação dos seus tutores.

—Sim! Já tive essa raça quando morava com meus pais. Simplesmente amo! – respondeu Renata, de maneira segura e imediata.

—Então você sabe que terão que se dedicar muito a ele, né? –falei olhando para Victor, para ter certeza de que ele também concordava.

—Sim. Estamos cientes disso. Por isso queremos adestrá-lo desde já e fazer tudo que for necessário.

Senti muita firmeza naquele casal.

—Onde ele está? Aliás, como é o nome dele mesmo?

Queria ver logo aquele "serumaninho". Labradores são muito ativos e, particularmente, adoro trabalhar com eles. Têm muito drive para brinquedos e comida, são afetuosos e adoram treinar!

—O nome dele é Nadal – disse Renata.

Imediatamente, identifiquei o perfil do casal.

—Quem de vocês joga tênis? –falei sorrindo.

—Nós dois – respondeu Renata, iluminando-se em um lindo sorriso.

Victor foi me levando para a área de serviço.

—Kelen, nós temos uma área ali fora bem grande. Praticamente do tamanho do apartamento. Ele tem bastante espaço.

Victor viu que eu havia ficado preocupada com o fato de ser apartamento.

De repente, veio aquele monte de fofura de três meses, correndo em minha direção!

—Rapaz! Você é grande para três meses, hein?

Parecendo me entender, começou a pular, tentando alcançar meu rosto para lamber.

Trabalhar com os três foi muito gostoso. Nadal aprendia tudo muito rápido e seus tutores seguiam à risca todas as recomendações.

Fizemos muita socialização com outros cães e pessoas. Nadal adorava qualquer pessoa, queria pular em todos que encontrava na rua (característica que o acompanha até hoje...).

Renata e Victor sempre se preocuparam em fazer atividades diárias com ele. Frequentava creche e chegou a fazer Agility em uma creche da cidade.

Nadal sempre foi um cão feliz.

Após seis meses do término do adestramento básico, recebi uma ligação do Victor.

Se você leu até aqui deve estar pensando: "Agora vem a parte triste...".

Mas não tem parte triste!

—Oi, Kelen! Tudo bem?

—Fala, meu querido! Quanto tempo! Como vocês estão? E o Nadal?

—Está ótimo! Temos uma missão impossível para você...

É impressionante como funciona nossa mente. Em fração de segundos pensei em umas 200 coisas que eles pudessem querer. Mas não acertei nem perto do alvo.

—Claro! Se for impossível é melhor ainda! Diga o que é.

—Então... Eu e a Renata vamos nos casar.

HISTÓRIAS DE UMA ADESTRADORA

Mesmo pelo celular pude imaginar aquele sorrisão dele!

—Que legal, cara! Agora é oficial então? Mas pelo jeito essa é a parte fácil...

—Então, Kelen... Nós queremos que o Nadal leve as alianças.

—Nossa! Que tudo, Victor! Treino ele, sim, e com o maior prazer!

—Só tem uma coisa... Você tem cinco dias para treiná-lo. O casamento é no sábado.

Então o "missão impossível" fez sentido.

—Homem de Deus! Por que só me procurou agora?

Nadal nunca perdeu o hábito de pular. Só que agora ele tinha 11 meses e 35 Kg.

—Pois é... É que tudo está indo muito rápido. Eu fui transferido para os Estados Unidos e nos mudamos em 15 dias. Aliás, queremos que você o treine para ficar na caixa de transporte também.

Eu estava falando com Victor pelo viva-voz do carro enquanto dirigia. Nesse momento, achei melhor parar para digerir o que ele estava falando.

Conversamos demoradamente e fiquei mais tranquila ao saber que eles já haviam providenciado toda a burocracia para levar o Nadal. Essa parte estava resolvida.

Eles não iriam no mesmo voo, pois eles não queriam conexões para o Nadal. Ele iria em voo direto, mas o casal iria em outro voo com conexões, e depois teriam que dirigir oito horas para pegar o Nadal no aeroporto, em outra cidade. Essa é uma linda prova de amor a um filho de quatro patas. Achei simplesmente maravilhoso da parte deles.

No dia seguinte já comecei o treino para que ele levasse as alianças.

Quando cheguei ao apartamento, Nadal imediatamente me reconheceu e fez uma festa equivalente ao seu tamanho.

—Cara! Você está enorme!

Quando olhei para o lado, a caminha que ele havia ganhado quando chegou ao seu novo lar ainda estava lá e inteira! Ele só não cabia nela.

—Renata, ele não estragou nada!

—Kelen, o Nadal só destruiu alguns chinelos, mas a cama, os brinquedos, os móveis estão inteiros – Renata falou, com um ar de admiração e orgulho.

E era para se orgulhar mesmo. Um labrador de 35 Kg em apartamento sem destruir nada é o sonho de qualquer tutor.

—Ele nem de perto se parece com o Marley do livro – observei.

—É verdade. Só na alegria e nos pulos, naturalmente.

Rimos muito de tudo isso.

Treinei o Nadal algumas vezes no apartamento e apenas duas vezes no local do casamento.

No dia do casório, eu o peguei pela manhã para gastar energia e chegar calmo ao local.

Victor e Renata escolheram um local muito especial para eles para celebrar a cerimônia. Era um bar pet friendly, cujos donos eram seus amigos. Realmente, o local era muito lindo e ficou decorado de maneira primorosa.

—Rapaz, chegou a hora. Você vai fazer tudo bem certinho, como nós ensaiamos, né?

Com uma lambida, ele respondeu que sim. Pelo menos, preferi pensar que era um "sim".

Nós não tínhamos treinado com a decoração. Então cheguei um pouco antes e fiz o caminho com ele várias vezes.

Fiquei um pouco apreensiva, pois a responsável pelo cerimonial pediu para que saíssemos de determinada posição que eu não havia treinado.

—Tudo pronto, Kelen?–perguntou uma das organizadoras.

—Tudo. Ele está pronto.

Os padrinhos entraram, depois os pais do noivo e o noivo.

Então começou a tocar a música com a qual Renata entraria.

Eu e Nadal ficamos a uma distância maior, mas, mesmo assim, ele percebeu que era Renata. Esse foi o primeiro momento que me tocou naquela tarde.

Ele se levantou, esticou o pescoço e abanou o rabo quando a viu. Ficou imóvel. Parecia congelado. Foi como se dissesse:

—Tia! É a mamãe! Ela está linda!

—É garoto... É a sua mamãe humana...

Nesse momento fiquei com os olhos marejados.

—Kelen! Pode levar o Nadal para a posição. Daqui a pouco é a "deixa" de vocês.

A moça do cerimonial estava um pouco apreensiva e, confesso, eu também.

Ajoelhei-me e falei bem baixinho para ele:

—Chegou a hora de você brilhar, garoto! Vai lá e dê uma grande alegria aos seus pais!

Parece que ele entendeu, porque quando soltei a guia, ele seguiu calmamente, e com a cauda abanando freneticamente, parou na frente deles e... não pulou!!!

Quem estava nervoso era Victor, que se atrapalhou um pouco para tirar as alianças do laço, mas Nadal esperou pacientemente.

Na saída dos noivos, ele deu mais um show. Caminhou tranquilamente, na guia, ao lado de Victor.

Como não chorar?

Casamentos já são, por si só, emocionantes. Mas com um cão levando as alianças foi simplesmente maravilhoso e inesquecível.

Depois da festa e de o Nadal ser a estrela, ele precisava voltar aos treinos. Agora, para a caixa de transporte.

Doze horas de avião dentro de uma caixa de transporte sendo que ele nunca tinha entrado em uma.

Tive três dias e devo ter gastado 1 Kg de vinas...

Mas esse Labrador era surpreendente. Não foi difícil. Quando motivado adequadamente, ele aprendia muito rápido. Sua motivação, além da comida,era ganhar carinho.

—Pois é, amigão... O dia chegou – disse, olhando para os olhos de Nadal.

Com um pulo, que quase quebrou o meu dente, ele estava se despedindo e, do jeito dele, dizendo que sentiria saudades.

Detesto despedidas. Então dei um rápido abraço em Renata e Victor, mais um apertão em Nadal, e já começando a chorar, fui embora.

Meu coração estava leve pelo dever cumprido, mas, ao mesmo tempo, triste, porque é bem provável que nunca mais levarei outra cabeçada daquele grandão...

HUMANIZAR OS CÃES É UM PROBLEMA?

Sim e não.

Agressividade, distúrbios compulsivos, ansiedade generalizada, vocalizações excessivas, medos diversos, ansiedade de separação, problemas orgânicos, como diabetes, pressão alta, problemas de pele, câncer, são só alguns sintomas que podem estar relacionados ao modo como tratamos nossos cães.

Hoje em dia é muito comum famílias pequenas, com apenas um filho ou até mesmo só o casal, com um ou mais cachorros. Esse novo modelo familiar multiespécie facilita o que chamamos de humanização excessiva dos cães. Por outro lado, isso também facilita muito nossa percepção de quais as reais necessidades deles e prestamos mais atenção ao amor infinito que eles têm por nós.

Chamá-los de "filho", "meu neto", por si só, não causa nenhum dano. Porém isso passa a ficar complicado quando transferimos características infantis a eles. Já é bastante comum observarmos nas ruas cães com sapatinhos, em carrinho bebê, tomando banho em ofurôs, com excesso de perfume e até mesmo com chupeta! Com certeza, esse animal terá sérios problemas comportamentais e emocionais pela destruição quase completa de seus instintos.

O que leva as pessoas a fazerem isso?

Muitas vezes, o ser humano prefere a companhia dos cães a de outro ser humano, baseado na lealdade e amor incondicional do seu pet, o que nem sempre encontramos nas pessoas. Outra razão é o afastamento do ser humano com a natureza. Levando o cão para dentro de casa é uma maneira instintiva de ficarmos em

HISTÓRIAS DE UMA ADESTRADORA

contato com a natureza. O problema é que projetamos neles nossas expectativas, frustrações e desejos e tentamos transformá-los em "mini seres humanos".

Quando interferimos na natureza do cão, eles perdem sua identidade e, pior, passam a se identificar com seus tutores, podendo somatizar doenças e sintomas do seu próprio dono. Na verdade, quando humanizamos os cães em demasia, nós estamos sendo egoístas, usando-os para carregar sentimentos e problemas psicológicos que são só nossos e nunca deles.

A família multiespécie já é uma realidade no mundo. O cão, como membro da família, é um fato irreversível. Seu lugar no sistema familiar já está estabelecido. Ele faz parte da rede ou campo mórfico, segundo Rupert Sheldrake, e isso facilita a conexão "energética" com a família. Até aí não tem nenhum problema. Entretanto todos os membros de uma família têm seu local no sistema familiar. Há uma ordem. Quando humanizamos os cães, nós tiramos sua essência e seu local correto dentro dessa rede familiar. Todos os membros de uma família devem ter sua individualidade respeitada e isso não pode ser diferente com os cães.

Os cães não precisam de sapatos. Eles precisam sentir a terra, a grama, trocar energia. Não precisam de carrinhos para passear. Eles precisam caminhar, sentir o cheiro do mundo, correr, conviver com outro ser de sua espécie, usar sua linguagem corporal. Os cães não precisam de televisão. Eles precisam de espaço para brincar e exercitar suas habilidades caninas. Eles precisam de nosso carinho, afeto, atenção, porque eles nos dão muito mais do que conseguimos fazer. Eles nos aceitam como somos.

Observe seu cão. Perceba suas reais necessidades. Veja o que realmente o faz feliz. Respeite sua natureza. Amor, carinho, cuidados médicos são mais do que o direito deles, é nossa obrigação para com eles. Dar limites, mostrar o que podem ou não fazer, não colocar expectativas ou sobrecarregá-los com nossos desejos também é um ato de amor.

VOCÊ FALA COM SEU CACHORRO?

Se você não fala, deveria começar. É o que recomenda psicólogos e terapeutas. O fato de o cão, ou qualquer outro animal, não entender as palavras exatas, não quer dizer que ele não compreenda seu coração.

Quando falamos, usamos expressões faciais e corporais, além do tom de voz, que assinalam para o animal quais os nossos sentimentos. Eles prestam muita atenção em tudo isso. Um grupo de pesquisadores da Hungria constatou que o cérebro dos cães responde à voz humana da mesma forma que o nosso. Tanto cães quanto humanos usam a mesma área do cérebro para processar o sentido emocional presente na linguagem falada e esse alto nível de sensibilidade para as emoções pode ser o motivo pelo qual algumas pessoas chegam a dizer que "meu cão entende tudo o que falo. Ele só falta falar".

Eles são excelentes ouvintes, não julgam ou dão sermões, por isso, quando desabafamos com eles, nós ouvimos nossa própria voz, e a conectividade emocional com o pet pode nos trazer insights ou soluções para nosso problema.

Além dos benefícios psicológicos de falar com seu cão, também há o reforço da ligação tutor-cão. Um estudo realizado pela Universidade de Lyon, na França, mostrou que quando falamos com os animais usamos um tom de voz mais agudo e frases curtas, ou seja, fazemos de maneira muito parecida a quando nos comunicamos com crianças, e essa forma de comunicação ajuda a captar sua atenção. Esse estudo corrobora outras pesquisas, que mostraram que o nível cognitivo dos cães é muito parecido com crianças de 2 anos de idade.

Estudos anteriores sobre comunicação com cães sugeriram que falar com voz mais aguda funcionava muito bem com filhotes, mas fazia pouca diferença para cães adultos. Porém estudos mais recentes, que utilizaram recursos tecnológicos mais modernos, foram realizados pela Universidade Emory (EUA) e mostraram que os cães têm a capacidade de distinguir palavras e a entonação da fala humana através de regiões cerebrais semelhantes aos que os seres humanos usam. Nesse estudo, cachorros foram expostos a gravações de vozes de seus donos conforme eles usavam várias combinações

HISTÓRIAS DE UMA ADESTRADORA

de vocabulário e entonação. Por exemplo, elogios com uma entonação de elogio, elogios com entonação neutra, palavras neutras com entonação de elogio e palavras neutras com entonação neutra.

Os pesquisadores utilizaram ressonância magnética para analisar a atividade cerebral dos cães enquanto eles escutavam cada combinação. Os resultados revelaram que, independentemente da entonação, os animais processaram o vocabulário, reconheceram cada palavra distinta e, ainda, fizeram-no de forma similar aos seres humanos, usando o hemisfério esquerdo do cérebro. Também como os humanos, os cientistas descobriram que os cães processaram a entonação separadamente do vocabulário, nas regiões auditivas no hemisfério direito do cérebro. Por último – e também como seres humanos –, a equipe descobriu que os cães invocaram tanto o significado da palavra quanto à entonação para processar o valor dos enunciados. Ou seja, os cães parecem compreender tanto as palavras como a entonação dos seres humanos. Os autores sugerem que forças seletivas durante a domesticação dos cachorros levaram ao surgimento da estrutura cerebral subjacente a essa capacidade nos animais[27].

A ciência está comprovando a capacidade dos cães nos compreender, mas será que nós os entendemos na mesma medida? Tudo indica que não. Só recentemente, as linguagens corporal evocal dos cães começaram a ser estudadas. A pioneira nesse estudo foi a norueguesa Turid Rugaas, que compilou, pela observação de seus cães, vários sinais utilizados entre eles (sinais de apaziguamento). A postura das orelhas, rabo, olhos e expressões corporais em geral contêm várias informações.

Portanto, para que o "diálogo" com seu cão seja bem compreendido, não custa nada pesquisar um pouco sobre sua linguagem corporal. Afinal, ele já entende perfeitamente o que você está falando...

---

[27] Disponível em: http:// fonte: hypescience.com. Acesso em: 20 dez. 2019.

SIM! OS CÃES SÃO SERES SENCIENTES!

Seres sencientes. Mas o que é isso?

Senciência é a capacidade de sentir sensações e sentimentos de forma consciente.Ou seja, é a capacidade de ter percepções conscientes do que lhes acontece.

Esse assunto ainda causa um debate acalorado no meio científico e leigo, afinal, até bem pouco tempo apenas os seres humanos eram considerados os únicos seres portadores de emoções e sentimentos.

Obviamente, o estudo da senciência exige uma análise mais profunda. Existem duas abordagens principais para se analisar a existência de senciência em cada espécie animal: a abordagem comportamental e a abordagem neurológica. Segundo Mark Bekoff (2012), os animais demonstram flexibilidade em seus padrões de comportamento e isso mostra que são conscientes e passionais e não meramente "programados" pelos instintos genéticos para que façam "isto" numa determinada situação e "aquilo" em outra.

Alguns ainda dizem que não há provas de que animais podem ser seres sencientes. Porém é bom lembrar que tampouco há provasdeque não há senciência nos animais. Se presumirmos, pela simples observação do dia a dia, que os animais têm sentimentos, como dor, medo, fome, angústia, alegria, entre outros, portanto, são seres sencientes, no mínimo, não estaremos causando mal a ninguém. Mas se afirmarmos o contrário, quando, na verdade, os animais têm sentimentos, estaremos abrindo caminho para a crueldade contra eles. O mínimo que podemos fazer é lhes dar o benefício da dúvida e, na dúvida, nossa responsabilidade é evitar o seu sofrimento, especialmente em virtude das evidências genéticas, evolutivas, anatômicas, fisiológicas ecomportamentais,baseadas no bomsenso, que indicam fortemente que os animais, minimamente os vertebrados, compartilham conosco a capacidade de sentir.

É sensato assumir que, quanto mais complexo o organismo animal, mais complexa será sua senciência. O Princípio da Homologia diz que vários animais apresentam similaridades anatômicas, genéticas, comportamentais e evolutivas com o ser humano, as quais

HISTÓRIAS DE UMA ADESTRADORA

tornam provável a existência de senciência. E o Princípio da Precaução diz que se existe uma possibilidade de senciência nos animais, temos a obrigação de considerar essa senciência em nossas decisões.

A presunção da senciência aborda diretamente o bem-estar dos animais. A promoção do bem-estar animal deve ser priorizada de acordo com sua necessidade, ou seja, quanto maior a complexidade de sua senciência, maior deve ser a preocupação com sua de qualidade de vida.

A evolução da senciência não ocorre de maneira linear. Ela percorre caminhos diversos em espécies diferentes e, consequentemente, depende não só de estruturas anatômicas diferentese, também, do grau de complexidade comportamental e interacional com outras espécies e o meio ao qual são expostos. Os cães, em particular, compartilharam mais de 30 mil anos de evolução com os seres humanos, o que lhes deu uma capacidade incrível de conexão conosco e de similaridade de emoções. É o animal mais ligado a nós emocionalmente.

Mas qual a implicação prática de considerarmos um animal, o cão, por exemplo, como animal senciente?

Como já vimos, o cão, como ser senciente, é capaz de sentir dor e sofrer. Portanto, pelas bases morais, têm direito à preservação de seus direitos na condição de vítima em casos de crueldade, sofrimento, agressão, atentado à vida, à saúde ou à integridade física ou mental.

> No Código Civil Brasileiro, os animais são classificados, no Livro III, que trata do Direito das Coisas, como semovente (coisas que se movem por si próprias). Como coisas, os animais são objetos de direito e propriedade do Estado, no caso de silvestres, e particular, no caso das outras espécies. Isso torna bastante complicada a situação em que o animal é maltratado por seu proprietário, pois mesmo que esse proprietário seja acionado e condenado pelo crime de maus-tratos, o animal não poderá ser-lhe retirado, a não ser que seja um animal silvestre nativo porque, neste caso, por disposição legal, o proprietário é a União (deputado estadual Coruja).

Países como a França, Canadá, Nova Zelândia e Portugal já alteraram suas legislações a esse respeito. Em Portugal, por exemplo, a partir da Lei nº 8/2017, que trata dos deveres daqueles que a legislação define como "proprietários",quem quiser ter um animal de estimação no país tem que assegurar o seu bem-estar, garantindo o acesso a água e comida de acordo com as necessidades de cada raça, além de cuidados veterinários. Não cumprir com as obrigações pode levar a multas e até à prisão. Infligir dor, sofrimento ou outros tipos de maus-tratos também.

No Brasil, o estado de Santa Catarina foi pioneiro ao sancionar a Lei nº 17.485, de 16 de janeiro de 2018, que reconhece cães, gatos e cavalos como seres sencientes: "Art. 34-A. Para os fins desta Lei, cães, gatos e cavalos ficam reconhecidos como seres sencientes, sujeitos de direito, que sentem dor e angústia, o que constitui o reconhecimento da sua especificidade e das suas características face a outros seres vivos".

A nova lei dá mais segurança jurídica às decisões judiciais que envolvam cães e gatos, por exemplo, além de possibilitar punições mais severas a agressores desses animais.

Todo esse processo mundial de reconhecimento dos animais, particularmente os cães, como seres sencientes, traz uma reflexão profunda para todos nós no sentido de como os tratamos. Para nós, os cães são simples objetos de desejo? De status? De brinquedo? Nós realmente os respeitamos como indivíduos com necessidades? Por que os queremos? Por que os amamos?

Para finalizar, quero citar um trecho do livro *A vida emocional dos animais*, de Marc Bekoff: "Precisamos dos animais em nossas vidas assim como do ar para respirar. Vivemos num mundo ferido, no qualmuitos de nós estão afastados dos animais e da natureza. Os animais são companhias perfeitas que nos ajudam todos os dias. Sem o relacionamento próximo e recíproco com os animais, nós viveríamos alienados do planeta rico, diverso e magnífico que habitamos. É por isso que buscamos apoio emocional nos animais. Os nossos antigos cérebros paleolíticos nos puxam de volta para o que é natural, mas que está faltando neste nosso mundo tão acelerado: relacionamentos próximos com outros seres, que nos ajudam a descobrir quem somos no grande esquema das coisas. Os animais nos confortam e nos põem em contato com o que realmente importa – outros seres sencientes".

HISTÓRIAS DE UMA ADESTRADORA

Diante de todo o exposto, eu diria que o mínimo que podemos fazer por nossos cães é cuidar deles de maneira digna e considerá-los como nossos companheiros de caminhada evolutiva.

A PERICULOSIDADE HUMANA

Em novembro de 2018, o Brasil foi surpreendido pela notícia da morte de uma cadelinha abandonada no Hipermercado Carrefour, em Osasco/SP. Mas não foi uma morte por atropelamento ou doença. Foi assassinato. E da maneira mais cruel possível. Testemunhas contam que um segurança, a mando da gerência da loja, tentou "se livrar" da cachorrinha, que ali estava havia alguns dias, sendo até mesmo tratada por alguns funcionários e clientes. Inclusive, um dos funcionários iria adotá-la. Mas não houve tempo. Depois de tentar envenená-la, sem sucesso, o segurança da loja arrastou a cachorra e a matou a pauladas, de maneira incompreensível e cruel!

Uma onda de indignação tomou conta do país pelas redes sociais. Manifestações foram marcadas, bem como um boicote à rede de supermercados. Mas por trás desses protestos existe muito mais... Na verdade, as pessoas estão fartas de impunidade, tanto em relação a crimes contra humanos quanto a animais. Se nossa legislação criminal é falha, contra maus-tratos a animais é praticamente omissa. Ao contrário do que acontece nos USA, por exemplo, no Brasil ninguém vai preso por matar um animal; no máximo, presta serviços à comunidade.

Ao longo de 2018 escrevi várias vezes sobre os sentimentos dos animais, particularmente dos cães. Eles sentem tudo que sentimos, ou seja, fome, medo, ansiedade, tristeza, alegria, amor, dor etc. São seres sencientes, porém, não conseguem se expressar da mesma maneira que nós. Eles não falam. Não podem contar quem os machucou, quem os torturou física ou psicologicamente. Eles não conseguem se defender da força do ser humano. Apenas cães de grande porte treinados para atacar saberiam se defender, mesmo assim, nada poderiam fazer contra uma arma de fogo.

Escrevi também sobre maus-tratos e que, mesmo frágil, existe uma lei. Escrevi sobre posse responsável. Escrevi sobre o que ocorre com cães abandonados. Escrevi sobre como os cães podem dar sua vida por sua família humana. A minha preocupação com a vida dos cães, portanto, vai muito além de saber a importância de adestrá-los. Nenhum cão pode ser feliz com pessoas infelizes ou desajustadas por perto.

Os cães dependem de nós não só para alimentá-los, mas também para protegê-los! No mundo todo, as leis contra maus-tratos aos animais estão cada vez mais severas. No Brasil, a lei é fraca. Ela vai na esteira da legislação criminal, ou seja, frágil, cheio de benesses e penas brandas.

Na verdade, as pessoas não aguentam mais tanta insensatez, não aguentam mais impunidade, seja para crimes contra pessoas ou contra animais.

Em outubro de 2018, a Comissão de Bem-Estar Animal, do Conselho Regional de Medicina Veterinária do Estado de São Paulo (CRMV-SP), elaborou e colocou à disposição dos profissionais o "Guia prático para avaliação inicial de maus-tratos a cães e gatos". O documento tem como objetivo colaborar com agentes públicos e profissionais designados para o atendimento de denúncias de maus-tratos a animais, por meio de um protocolo básico que possibilite o levantamento da situação e dê o embasamento para encaminhamento aos órgãos competentes.

Esse manual aponta um estudo em que mostra a correlação de violência doméstica e maus-tratos contra animais. Nesse estudo, 71% dos animais pertencentes a mulheres que haviam sofrido violência doméstica tinham sido submetidos a maus-tratos naquele domicílio[28].

Em outro estudo, realizado com dados da Polícia Militar do estado de São Paulo, demonstrou-se que um terço das pessoas autuadas por maus-tratos aos animais tem também outros registros criminais, sendo que 50% desses registros são de crimes de violência contra as pessoas[29].

Pesquisas feitas em todo o mundo, particularmente nos USA, mostram uma correlação intrínseca entre violência contra animais e psicopatias. Um estudo realizado pela Universidade de Boston

---

[28] PADILHA, M. S. S. *Crueldade com animais x violência domestica contra mulheres:* uma conexão real. Recife: Fundação Antonio dos Santos Abranches, 2011.

[29] NASSARO, M. *et al. Maus-tratos aos animais e violência contra as pessoas:* a aplicação da Teoria do Link nas ocorrências da Polícia Militar Paulista. São Paulo: Edição do Autor, 2013.

HISTÓRIAS DE UMA ADESTRADORA

e pelo Institute Massachussets SPCA mostrou que pessoas que abusavam de animais na infância são cinco vezes mais propensas a cometerem crimes violentos contra seres humanos. Sabe-se, também, que a tortura e a morte de animais é uma das características presentes em crianças com psicopatia.

Considerando essa conexão entre a violência humana e maus-tratos contra animais, fica clara a urgência do poder público em verificar minuciosamente cada denúncia de maus-tratos a animais, pois atrás dessa violência outras se seguirão.

Em 2011, em Goiás, uma enfermeira matou a pancadas seu cachorro da raça Yorkshire. Sua pena foi de R$3.000,00, mesmo ficando evidente a falta de estabilidade mental de Camila, como demonstrado pela sua própria defesa, em que a ré afirmou "não ter feito nada fora do normal". Mesmo assim, seu registro de enfermeira não foi cassado, pois, segundo o Conselho de Enfermagem, "esta situação não afetava sua atuação profissional", como se isso não influenciasse uma carreira que é caracterizada exatamente por pessoas que cuidam carinhosamente de doentes. Para compensar tamanha injustiça, a população de Formosa/GO parou de marcar consultas com o maridodela,que é médico.

As manifestações de boicote à rede Carrefour seguiu o mesmo caminho, mas só isso não basta. Atos violentos contra animais devem ser punidos exemplarmente e os culpados devem ser monitorados de perto para que as pessoas que vivem em seu meio familiar não sejam também vítimas em potencial de sua desordem mental. Devemos exigir uma legislação mais coerente com a gravidade do ato, alongando o olhar para o que uma violência contra um animal pode mostrar em relação à periculosidade do indivíduo. Além disso, a educação das nossas crianças deve levar em conta o respeito à vida em seu aspecto mais amplo, devendo ser abordado multidisciplinarmente.

Quantas agressões a animais ainda terão que ocorrer até que o povo e seus representantes passem a olhar atentamente para as consequências num espectro maior?

O assassinato da cadelinha Manchinha, como era carinhosamente chamada, não pode ser em vão. Que ela seja um símbolo, o início de uma transformação de mentalidade. O povo brasileiro já mostrou que consegue transformar o país quando quer. Que esse

Kelen Sbolli

seja o estopim, o início do fim da impunidade para a violência contra os animais.

Denuncie. Exija uma punição legal. Talvez isso faça, futuramente, a diferença entre a vida e a morte de alguém.

REFERÊNCIAS

ALBUQUERQUE, N. *et al.* Dogs recognize dog and human emotions.*Biology Letters*, Lett, 2015.

BAUM, W.M. *Compreender o behaviorismo:* ciência, comportamento e cultura. Porto Alegre: Artes Médicas, 2006.

BEERDA, B. *et al.* Chronic stress in dogs subjected to social na spacial restriction. I Behavioral Responses.*Physiology & Behavior*, 1998.

BEHAN, K. *Seu cachorro é seu espelho.*São Paulo: Lumen Editorial, 2012.

BEKOFF, M. *A vida emocional dos animais:* alegria, tristeza e empatia nos animais.São Paulo: Cultrix, 2010.

BENNETT, P. *et al.* Puppy Power! Using social cognition research tasks to improve socialization pratices for domestic dogs (canis familiaris).*Journal of Veterinary Behavior:* Clinical Applications and Research, 2011.

BRADSHAW. J. *Cãosenso.*Rio de Janeiro: Record, 2012.

BRADSHAWS, W.S. *et al.* Dog training methods:their use effetives and interaction with behaviour and welfare.*Animal Welfare*, 2004.

COOK, P.*et al.* Jealousy in dogs?Evidence of brain images.*Animal Sensitivity*, 2018.

COWANS, S.; ROONEY, N.J. Training methods and ower-dog interactions: links with dog behaviour and learnig ability. *Applied Animal Behaviour Science*, 2011.

CUTT, H.*et al.* I'm Just a walking the dog correlates of regular dog walking. *Familly and Community Health*, 2008.

DIAS, M. *Ansiedade de separação em cães:* revisão. Medicina Veterinária da UFRPE, 2013.

DOMJAN, M. *The principles of learning and behavior.*Stanford, C. T.: Cengage Learning, 2015.

FARACO, C.B.*et al. Fundamentos do comportamento canino e felino*. São Paulo: MedVet, 2013.

HARRIS, C.R. *et al*. Jealous indogs. *PLoS ONE*, 9 (7): e94597; 2014. Publicação on line.

HAUG, Li. Canine agressive toward unfamiliar people and dogs. *South Texas Veterinary Behavior Services*, 2008.

HORWTIZ, D.F.; NEILSON, J.C. *Comportamento canino e felino*. Agressão dirigida a humanos. Porto Alegre: Artes Médicas, 2008.

KANDEL, E.R. *et al. Principles of neural science*. New York: Mcgraw Hill, 2013.

KUTSUMI, A. *et al*. Importance of puppy training for future behavior the dog. *Journal of Veterinary Medical Science*, 2012.

LANDSBERG, G. *Problemas comportamentais dos cães e do gato*. 2. ed.São Paulo: Rocca, 2004.

LOURENÇO, F.D. *et al*. Sensibilidade olfatória em homens e cães:um estudo comparativo. *Arquivos. Medicos dos Hospitais e da Faculdade de Ciências Médicas da Santa Casa de São Paulo*. 2007.

NASSARO, M.*et al. Maus-tratos aos animais e violência contra as pessoas:* a aplicação da Teoria do Link nas ocorrências da Polícia Militar Paulista.São Paulo: Edição do Autor, 2013.

PADILHA, M.S.S. *Crueldade com animais x violência domestica contra mulheres:* uma conexão real. Recife: Fundação Antonio dos Santos Abranches, 2011.

PARISOTO, W. *A arte de ensinar seu cachorro*. São Paulo: Delicatta, 2019.

REDIGOLO, C.S. *O papel da atenção humana na comunicação cão-ser humano por meio de um teclado*. Dissertação de Mestrado. Universidade de São Paulo, 2009.

SAVALLI, C. *et al. Cognição e comportamento de cães:* a ciência do nosso melhor amigo. São Paulo: Edicon, 2017.

WELLS, D.L.Prevalence of behaviour problems reported by owers of dogs purchase from na animal rescue shelter. *Applied Animal Behaviour Science*, 2000.

SITES CONSULTADOS

http:// fonte: hypescience.com. Acesso em: 20 dez. 2019.

www.alexandrerossi.com.br/noticias/passeio-com-o-cachorro-tornando--este-momento-especial/185/. Acesso em: 20 dez. 2019.

www.matilhapositiva.com.br/linguagem-corporal/. Acesso em: 20 dez. 2019.

www.saudeanimal.com.br/2015/11/22/agressao-canina/. Acesso em: 20 dez. 2019.

www.super.abril.com.br/ciencia/a-vida-do-cachorro/. Acesso em: 20 dez. 2019.

www.vegazeta.com.br/sim-os-animais-ficam-de-luto/. Acesso em: 20 dez. 2019.